汽车维修质量检验

主编 曹云刚 向 巍
主审 彭 静

重庆大学出版社

内 容 提 要

"汽车维修质量检验"是汽车检测与维修技术专业针对汽车机电维修及检验工岗位能力进行培养的一门核心课程,是为了满足社会日益增长的对维修质量检验人才的需求,根据车辆使用与维护及技术服务相关企业对本专业学生职业岗位能力的要求,突出学生的职业技能而开设的。本课程构建于"汽车构造""质量管理与标准化""汽车故障诊断与调整"等课程的基础之上。通过此课程的学习,学生能独立完成汽车维护及检验工作,保持车辆正常使用性能,以满足客户需求。在学习过程中培养与经理、同事沟通的能力,养成安全环保、质量意识,使学生能正确掌握汽车维修质量检验的一般基础知识和方法,同时可以完成相关工作任务。

本书主要针对高等职业教育汽车类专业或相关专业使用,也可以作为成人高等教育、汽车技术培训以及相关技术人员学习的主修教材。

图书在版编目(CIP)数据

汽车维修质量检验/曹云刚,向巍主编.—重庆:重庆
大学出版社,2012.10(2021.1 重印)
高职高专汽车运用与维修专业系列教材
ISBN 978-7-5624-6853-0

Ⅰ.①汽… Ⅱ.①曹…②向… Ⅲ.①汽车—车辆修理—质量
检验—高等职业教育—教材 Ⅳ.①U472.32

中国版本图书馆 CIP 数据核字(2012)第 156151 号

汽车维修质量检验

主编 曹云刚 向 巍
主审 彭 静
策划编辑:周 立

责任编辑:李定群 邓桂华 版式设计:周 立
责任校对:刘 真 责任印制:张 策

*
重庆大学出版社出版发行
出版人:饶帮华
社址:重庆市沙坪坝区大学城西路 21 号
邮编:401331
电话:(023) 88617190 88617185(中小学)
传真:(023) 88617186 88617166
网址:http://www.cqup.com.cn
邮箱:fxk@ cqup.com.cn(营销中心)
全国新华书店经销
POD:重庆新生代彩印技术有限公司
*
开本:787mm×1092mm 1/16 印张:9.75 字数:243 千
2012 年 10 月第 1 版 2021 年 1 月第 3 次印刷
ISBN 978-7-5624-6853-0 定价:29.50 元

前　言

　　为贯彻"国务院关于大力推进职业教育改革与发展的决定",全面实施"职业教育和培训创新工程"以及积极推进课程改革和教材建设,为职业教学和培训提供更加丰富、多样和实用的教材,更好地满足职业教育改革与发展的需要,贵州交通职业技术学院紧跟当前职业教育最新发展理念,紧密结合目前汽车维修检测行业的实际需要,积极采用"理实一体"的教学手段,编写了"理实一体"教学模式的教材提供给教师和学生。

　　本书正是在这一需求下由贵州交通职业技术学院汽车工程系组织了一批具有丰富理论和实践经验的专业教师编写而成。在编写过程中,为更好地贯彻"理实一体"的教学手段,对本书所需的基础理论知识的旧体系打散,注意围绕职业技能进行内容的取舍,重新提炼出新的知识结构,避免深奥难懂的枯燥论述,注重实用性。

　　本书学习内容共划分为 6 个学习情境:①汽车维修质量管理的法律与法规,由田配先老师负责编写;②汽车维修质量检验标准,由陈文均老师负责编写;③汽车维修检验,由周文老师负责编写;④汽车维护工艺质量的检验,由向巍老师负责编写;⑤汽车检测与诊断技术,由曹云刚、向巍老师负责编写;⑥汽车维修质量问题处理,由彭静老师负责编写。每个学习情境学习内容的编写严格按照实际汽车检验的工作流程,遵照"六步法"进行教学组织,从简单到复杂,从单一到综合进行排序,旨在使学生通过学习掌握汽车检验的基本原理和方法,具备汽车检验实际操作的基本能力。

　　全书由贵州交通职业技术学院曹云刚、向巍老师担任主编并负责全书统稿,由彭静老师担任主审。在教材编写过程中,得到了汽车检测维修企业专家的大力支持,他们提出了许多宝贵意见,参考了除已列出的大量文献资料外,还借鉴和吸纳了众多专家、学者的研究成果,未能一一列出,在此,对他们的辛勤劳动深表敬意和衷心感谢!

　　由于编者理论水平与实践经验有限,编写时间紧,任务重,书中有不妥和错误之处,恳请专家、读者批评指正。

编　者
2012 年 8 月

目　录

学习情境 1 汽车维修质量管理的法律与法规

学习目标

1. 掌握国家有关汽车维修质量检验的法律与法规的内容。
2. 了解汽车维修质量管理主要以质量检验监督为主。

技能要求

能够通过老师的介绍，了解汽车维修检验的目的及相应的法律、法规、作业内容等知识。

1.1 汽车维修质量管理办法

第一条 为加强汽车维修行业管理，保证汽车维修质量，根据交通部、原国家经委、国家工商行政管理局联合颁布的《汽车维修行业管理暂行办法》，制定本办法。

第二条 从事汽车修理、维护或专项维修的企业及个体工商户（以下简称汽车维修业户）和各级汽车维修行业管理部门，均适用本办法。

第三条 各级汽车维修行业管理部门负责汽车维修质量管理工作，其主要职责是：

（一）宣传、贯彻国家和交通部有关质量管理的方针、政策和法规；

（二）对汽车维修行业维修质量进行管理、监督、检查；

（三）指导、监督检查汽车维修业户建立健全内部质量保证体系和质量检验制度，执行汽车维修技术标准和工艺规范；

（四）组织汽车维修行业质量检查评比；

（五）收集交流汽车维修行业维修质量信息，开展技术咨询和质量诊断工作；

（六）组织汽车维修业户质量管理人员及质量检验人员的培训、考核工作；

（七）受理汽车维修质量问题的申诉，负责进行调解处理。

第四条 各级汽车维修行业管理部门应建立健全汽车维修质量监督检验体系，实行分级管理。建立汽车维修质量监督检测站（中心），为汽车维修质量监督和汽车维修质量纠纷的调解或仲裁提供检测依据。汽车维修质量监督检测站必须是经当地交通主管部门会同技术监督部门认定后颁发了《检测许可证》的汽车综合性能检测站。

第五条 汽车维修企业必须建立健全与其维修类别相适应的质量管理机构；汽车维修个体业户应有人负责质量管理工作，其管理机构和人员的主要职责是：

（一）认真执行质量管理法规和本办法；

（二）贯彻执行国家和交通部颁布的有关汽车维修的技术标准、相关标准以及有关地方标准；

（三）制定维修工艺和操作规程；

（四）依据国家标准、行业标准、地方标准的要求，制定汽车维修企业技术标准；

（五）建立健全汽车维修业户内部质量保证体系，加强质量检验，掌握质量动态，进行质量分析，推行全面质量管理；

（六）开展质量评优与奖惩工作。

第六条　汽车维修业户必须有明确的质量负责人和质量检验员。质量检验员必须经过当地汽车维修行业管理部门培训、考核并取得汽车维修检验员证，方可上岗。

第七条　汽车维修业户必须做好质量管理的基础工作，建立健全并严格遵守与企业维修类别相适应的技术管理、计量管理和质量检验等规章制度。

第八条　汽车维修业户在维修生产中必须遵守以下法规和标准：

（一）国务院发布的《工业产品质量责任条例》的有关规定；

（二）国家标准局发布的各项汽车修理技术条件，以及机动车运行安全技术条件、机动车允许噪声及测量方法和汽、柴油车排放标准及测量方法等；

（三）交通部第13号令发布的《汽车运输业车辆技术管理规定》；

（四）交通部颁发的有关汽车修理技术标准（技术条件）；

（五）各地制定发布的有关汽车维修技术标准。

第九条　汽车维修业户在维修没有国标、部标、地方标准的车辆时，应参照原车维修手册、使用说明书和有关维修技术资料进行维修。

第十条　车辆进厂、维修及竣工出厂，必须由专人负责质量检验，并认真填写检验单。一、二类维修业户对进行汽车大修、总成大修、二级维护的车辆必须建立《汽车维修技术档案》。

第十一条　汽车维修竣工出厂实行出厂合格证制度（汽车小修和部分专项修理除外），维修质量不合格的车辆不准出厂。汽车维修业户在车辆维修竣工出厂时必须按竣工出厂技术条件进行检测并向托修单位提供由出厂检验员签发的汽车维修竣工出厂合格证。汽车维修业户使用的汽车维修竣工出厂合格证由汽车维修行业管理部门统一印制和发放。

第十二条　汽车维修业户必须执行车辆出厂质量保证期制度。质量保证期内，车辆发生故障或损坏，承修业户和托修单位按下列规定划分责任：

（一）因维修质量造成的车辆故障或损坏，维修业户应负责及时返修，由于维修质量问题而造成的车辆异常损坏或车辆机件事故，由承修业户负责。

（二）由于托修单位违反使用规定或驾驶员违反操作规程造成的车辆故障或损坏，不属于维修质量问题，经济责任由托修单位自负。

第十三条　各级汽车维修行业管理部门应根据本地区情况，制定汽车维修质量保证期制度的具体规定。

第十四条　各级汽车维修行业管理部门应制定并认真执行汽车维修质量检验制度，对维修车辆实行定期或不定期的质量检测，并将检测结果作为评定维修业户维修质量和年审《技术合格证》的主要依据之一。

第十五条　托修单位与承修业户发生维修质量纠纷时，汽车维修行业管理部门应负责组织技术分析和鉴定,并进行调解,所发生的检查、试验分析、鉴定等费用均由责任方承担。双方经调解仍有争议时,可向当地技术监督部门提出申诉或向法院起诉。

第十六条　对不按技术标准修车,维修质量不能达到规定技术标准的维修业户,应按有关规定进行处理。

第十七条　各省、自治区、直辖市交通主管部门可根据本办法制定本地区的汽车维修质量管理办法或实施细则。

第十八条　本办法由中华人民共和国交通部负责解释。

第十九条　本办法自一九九一年六月一日起执行。

1.2　汽车维修合同实施细则

第一条　为加强汽车维修行业管理,维护汽车维修经营活动的正常秩序,保障承、托修方当事人的合法权益,根据《中华人民共和国经济合同法》和《加工承揽合同条例》的有关规定,制定本细则。

第二条　本细则适用于中华人民共和国境内已取得当地交通主管部门核发的技术合格证和工商行政管理机关核发的营业执照的各类汽车维修业户(以下简称承修方)与送修单位或车主(以下简称托修方)签订的书面汽车维修合同(以下简称合同)。

第三条　本细则由交通主管部门和工商行政管理机关组织实施,并负责监督、检查。

第四条　承、托修双方必须按要求使用汽车维修合同文本。合同必须按照平等互利、协商一致、等价有偿的原则依法签订,承、托修双方签章后生效。

第五条　下列汽车维修作业范围,承、托修双方必须签订合同。

(一)汽车大修;

(二)主要总成大修;

(三)二级维护;

(四)维修预算费用在一千元以上的。

第六条　承、托修双方根据需要可签订单车或成批车辆的维修合同,也可签订一定期限的包修合同。

第七条　承修方在维修过程中,发现其他故障需增加维修项目及延长维修期限时,应征得托修方同意后,方可承修。

第八条　合同签订后,双方应严格按合同规定履行各自的义务。

(一)托修方的义务:

1.按合同规定的时间送修车辆和接收竣工车辆;

2.提供送修车辆的有关情况(包括送修车辆基础技术资料、技术档案等);

3.按合同规定的方式和期限交纳维修费用。

(二)承修方的义务:

1.按合同规定的时间交付修竣车辆;

2.按照有关汽车修理技术标准(条件)修车,保证维修质量,向托修方提供竣工出厂合格证;

3. 建立承修车辆维修技术档案,并向托修方提供维修车辆的有关资料及使用的注意事项;

4. 按规定收取维修费用,并向托修方提供维修工时,材料明细表。

第九条 代订合同,要有委托单位证明,根据授权范围,以委托单位的名义签订,对委托单位直接产生权利和义务。

第十条 合同的主要内容:

(一)承、托修方的名称;

(二)签订日期及地点;

(三)合同编号;

(四)送修车辆的车种车型、牌照号、发动机型号(编号)、底盘号;

(五)维修类别及项目;

(六)预计维修费用;

(七)质量保证期;

(八)送修日期、地点、方式;

(九)交车日期、地点、方式;

(十)托修方所提供材料的规格、数量、质量及费用结算原则;

(十一)验收标准和方式;

(十二)结算方式及期限;

(十三)违约责任和金额;

(十四)解决合同纠纷的方式;

(十五)双方商定的其他条款。

第十一条 汽车维修合同签订后,任何一方不得擅自变更或解除。当事人一方要求变更或解除维修合同时,应及时以书面形式通知对方。因变更或解除合同使一方遭受损失的,除依法可以免除责任的外,应由责任方负责赔偿。

第十二条 托修方按合同规定对竣工车辆进行验收签字后,方能接收车辆。承修方必须按其义务和规定提供有关资料。

第十三条 托修方未按合同规定时间送修车辆和承修方未按合同规定时间交付竣工车辆,应按合同规定支付对方违约金。

托修方不按合同规定交付维修费,从应付费次日起,每日按不超过维修费的0.1%向承修方交纳滞纳金。

第十四条 违约金、滞纳金金额由双方商定,但法律另有规定的除外。

除双方另有商定的外,违约金、赔偿金应在明确责任后十日内偿付,否则按逾期付款处理。

第十五条 在合同期内已竣工的车辆,托修方不按合同期限验收接车,应承付车辆的保管费和自然损伤的修复费。逾期超过半年以上的,承修方有权将车辆提交有关部门依法处理。

第十六条 承、托修双方在履行合同中发生纠纷时,应及时协商解决;协商不成时,任何一方均可向当地经济合同仲裁部门申请仲裁或直接向当地人民法院起诉。维修车辆在质量保证期内发生质量问题,当事人也可先到所在地交通主管部门提请调解处理。

第十七条 承修方应建立健全合同管理制度,并有专(兼)职人员负责合同管理工作。对已签订的合同要建立登记台账并妥善保管。

第十八条　汽车维修业户应定期向汽车维修行业管理部门书面报送合同履行情况,作为汽车维修行业管理部门对维修业户考核的内容之一。

第十九条　对违反本细则的行为,分别给予以下处理:

(一)凡属于第五条规定范围而不签合同的,交通主管部门可对维修业户予以警告和罚款,每次罚款额按实际发生或额定的维修费用总额2%(至少20元)计。由此而引起车辆维修质量或经济方面的纠纷,管理部门不予受理。

(二)维修业户凡不按规定签订的合同,交通主管部门责令维修业户修改。

第二十条　各地交通主管部门可结合本地的实际情况,根据本细则规定会同当地工商行政管理部门制定补充规定。

第二十一条　本细则由中华人民共和国交通部和国家工商行政管理局负责解释。

第二十二条　本细则自一九九二年三月一日起执行。

1.3　道路运输车辆维护管理规定

第一章　总则

第一条　为加强道路运输车辆管理,保持车辆技术状况良好,确保运行安全,保护环境,降低运行消耗,提高运输质量,根据国家有关规定,制定本规定。

第二条　车辆维护制度是贯彻安全第一、预防为主的方针,保障汽车运行安全的基本制度。车辆维护是指道路运输车辆运行到国家有关标准规定的行驶里程或间隔时间,必须按期执行的维护作业。

第三条　本规定适用于在中华人民共和国境内,从事道路客货运输的经营业户(单位或个人)、汽车维修一、二类企业及汽车综合性能检测站。

第四条　各级交通行政主管部门归口管理辖区内道路运输车辆的维护管理工作,各级道路运输管理机构负责组织实施。

第二章　道路运输车辆维护

第五条　道路运输车辆的维护分为:日常维护、一级维护、二级维护。

日常维护是由驾驶员每日出车前、行车中和收车后负责执行的车辆维护作业。其作业中心内容是清洁、补给和安全检视。

一级维护是由维修企业负责执行的车辆维护作业。其作业中心内容是除日常维护作业外,以清洁、润滑、紧固为主,并检查有关制动、操纵等安全部件。

二级维护是由维修企业负责执行的车辆维护作业。其作业中心内容是除一级维护作业外,以检查、调整转向节、转向摇臂、制动蹄片、悬架等经过一定时间的使用容易磨损或变形的安全部件为主,并拆检轮胎,进行轮胎换位。二级维护必须按期执行。

第六条　道路运输经营业户和驾驶员,必须按国家或行业有关标准规定的行驶里程或间隔时间,对车辆进行维护作业,进口车辆及特种车辆按出厂说明书的规定执行。

第七条　道路运输经营业户,可以自主选择经道路运输管理机构资质认定的二类以上的汽车维修企业进行维护作业。危险品运输车辆必须到具备危险品运输车辆修理条件的维修企业进行维护作业。

第八条　经道路运输管理机构资质认定,达到二类以上汽车维修企业开业条件的道路运输经营业户,可以对本单位的车辆进行维护作业。

第九条　凡从事道路运输车辆维护作业的维修企业(以下简称维修企业),应遵守国家有关法规、标准,按规定的作业规范或说明书进行作业,不得漏项或减项作业。

第十条　维修企业实行车辆维修合同制,承修方与托修方应签订维修合同,并实行竣工上线检测制度、出厂合格证制度和质量保证期制度。

第十一条　维修企业应与经道路运输管理机构资质认定的汽车综合性能检测站签订二级维护竣工检测委托合同书。

第十二条　维修企业应配备专职的质量检验员和价格结算人员。质量检验员及价格结算人员必须经过培训,考核合格持证上岗。

第十三条　维修企业及价格结算人员,应严格执行当地交通部门制定的工时定额,并严格按当地交通部门会同物价部门制定的工时费率标准收取工时费。

第三章　道路运输车辆二级维护检测

第十四条　道路运输车辆二级维护检测分为三类:

(一)二级维护前的诊断检测,主要是针对驾驶员的反映和车辆的外检情况,应用仪器、设备对车辆进行不解体诊断检测,以确定二级维护的附加作业项目。由维修企业按标准来执行,出具的诊断报告,作为签订维护合同的依据之一。

(二)二级维护作业过程中的检测,主要是对二级维护生产过程中的车辆维修质量进行跟踪检测,发现问题及时解决,由维修企业按标准进行,并作出检测记录。

(三)二级维护竣工检测主要是对二级维护及其附加作业项目的作业质量进行检测评定,由汽车综合性能检测站按标准进行,出具的检测报告,作为维修企业的质量检验员签发出厂合格证的依据之一。

第十五条　汽车综合性能检测站应配备技术负责人、质量负责人和专职的检测员,并必须经过培训,考核合格并取得证书后方可上岗。

第十六条　汽车综合性能检测站应严格执行交通部门制定的有关检测标准、规范和程序,由技术负责人签发检测报告。汽车综合性能检测站应严格按当地交通部门会同物价部门制定的检测收费标准收取检测费。

第四章　管理与监督检查

第十七条　道路运输经营业户,必须按国家有关规定执行车辆维护制度,并加强管理。车辆的二级维护由各级道路运输管理机构负责监督管理。

第十八条　车辆二级维护出厂前,须进行竣工检测,并由维修企业的质量检验员审验合格后,签发出厂合格证。维修企业应开具统一规定的汽车维修项目、费用清单和结算凭证。

第十九条　道路运输经营业户应持出厂合格证到当地道路运输管理机构审核备案。实行了计算机联网的地区,应实现车辆技术管理及信息传递的自动化。

第二十条　从事驻在运输超过三个月的车辆,车主应持车籍地道路运输管理机构的委托书,纳入驻在地车辆维护的管理。

第二十一条　对车辆二级维护执行情况的监督应在车站、货场和车辆所属道路运输经营业户驻地进行。对达到二级维护里程或间隔时间的车辆,道路运输经营业户应自觉按时维护,道路运输管理机构要及时督促车主按时维护。

第二十二条　道路运输经营业户年度审验时应出示车辆二级维护出厂合格证(已审核备案的除外)。

第二十三条　对维修企业,主要检查其执行国家有关车辆维护规范的情况、经营行为、在质量保证期内的返修率和质量监督抽查上线检测一次合格率。质量保证期内的车辆返修率应低于5%,质量监督抽查上线检测一次合格率不低于85%。

第二十四条　对汽车综合性能检测站,主要检查二级维护竣工检测标准及项目的执行情况和经营行为。

第五章　罚则

第二十五条　对违反本规定的单位和个人,由交通行政主管部门(或其委托的道路运输管理机构)按有关行政规定予以处罚。本次定自公布之日起施行。

第六章　附则

第二十六条　各省、自治区、直辖市交通厅(局、委)可根据本地实际情况制定实施细则。

第二十七条　非营运车辆可参照本规定执行。

第二十八条　本规定由中华人民共和国交通部负责解释。

第二十九条　本规定自一九九八年四月一日起施行。以前有关规定与本规定相抵触的按本规定执行。

知识能力训练

一、选择题

零件制造商甲依约向整机制造商乙供应零件,乙制造出整机,由零售商丙出售。然而,甲在零件制造中并没有遵循乙关于零件质量的指标,致使零件形成严重瑕疵,丙售出整机后,顾客纷纷退货。经查:甲乙零件合同中,订有甲勿需对零件瑕疵负责条款。

1.假设:乙对丙的损失予以赔偿后,请求甲对上述赔偿负责。以下论述正确的是(　　)

A.甲可以以免责条款为由,拒绝赔偿丙的损失

B.甲不可以以免责条款为由,拒绝赔偿丙的损失

C.免责条款是甲乙双方的真实的意思表示,不存在胁迫和乘人之危,应当有效

D.免责条款因其条款损害社会公共利益,此条款是无效的

2.假设:随产品附送的"三包条款"载明,产品售出后发现质量问题,两周之内包退包换,3年内免费保修。经技术相关检测,该机确实有瑕疵,通过维修此瑕疵不能消除。于是消费者(　　)

A.只能直接向丙退货

B.只能向乙退货

C.可以向丙退货,也可以向乙退货

D.可以向丙退货,也可以向乙退货,还可以向甲退货

二、填空题

1.汽车维修质量管理主要以＿＿＿＿＿＿＿＿＿＿为主。

2.车辆维护分为＿＿＿＿＿＿＿＿、＿＿＿＿＿＿＿＿、＿＿＿＿＿＿＿＿。

3.《道路运输车辆维护管理规定》规定:"车辆维护制度是贯彻＿＿＿＿＿＿＿＿、＿＿＿＿＿＿＿＿的方针,保障汽车运行安全的基本制度。＿＿＿＿＿＿＿＿是指道路运输车辆运行到国家有关标准规定的行驶里程或间隔时间,必须按期执行的维护作业。"

三、简答题

1.汽车维修合同中,承修方有哪些义务?

2.维修合同的主要内容有哪些?

学习情境 2　汽车维修质量检验标准

学习目标

1. 掌握质量检验标准的适用范围和主要内容。
2. 掌握汽车维修质量检验原则、检验程序、检验技术的标准。

技能要求

能够通过老师的介绍,了解汽车维修检验的标准,掌握汽车维修企业的开业条件及分类标准。

2.1　汽车维修质量检验标准概述

(1)汽车的国家标准(GB)

汽车的国家标准是指在全国范围内都要遵照执行的标准,主要包括汽车整车、汽车发动机的名词术语、互换性连接尺寸、试验方法、涉及环境的污染、噪声、人身和财产安全和涉及资源保护的强制性标准,以及电器、仪表、橡胶等相关配套产品的性能要求,试验方法和技术参数等标准。行业标准主要包括汽车整车、发动机及各大总成的性能要求,技术条件等表明产品本身质量水平的标准。企业标准是各企业为了控制产品的具体质量所规定的产品设计、工艺、原材料及企业管理等内容的标准。

维修标准采用下列定义:

1)汽车维修(vehicle maintenance and repair)

汽车维护和修理的泛称。

2)汽车大修(major repair of vehicle)

用修理或更换汽车任何零部件(包括基础件)的方法,恢复汽车的完好技术状况和完全(或接近完全)恢复汽车寿命的恢复性修理。

3)总成修理(unit repair)

为恢复汽车总成完好技术状况、工作能力和寿命而进行的作业。

4)汽车维护(vehicle maintenance)

为维持汽车完好技术状况或工作能力而进行的作业。

5)汽车小修(current repair of vehicle)

用更换或修理个别零件的方法,保证或恢复汽车工作能力的运行性修理。

（2）汽车检测相关标准

1）汽车检测标准法规和管理制度

①《机动车运行安全技术条件》（GB 7258—2004）

②《营运车辆综合性能要求和检验方法》（GB 18565—2001）

③《汽车维护、检测、诊断技术规范》（GB/T 18344—2001）

④交通部令第 29 号《汽车运输业车辆综合性能检测站管理办法》

⑤交通部令第 13 号《汽车运输业车辆技术管理规定》

2）车辆分类

①《机动车辆及挂车分类》（GB/T 15089—2001）

②《汽车和挂车类型的术语和定义》（GB/T 3730.1—2001）

③《汽车产品型号编制规则》（GB 9417—1988）

④《道路车辆识别代号》（GB/T 16735～16738—1997）

⑤《道路车辆　质量　词汇和代码》（GB/T 3730.2—1996）

3）整车检测标准

①《道路车辆外廓尺寸、轴荷及质量限值》（GB 1589—2004）

②《汽车动力性台架试验方法和评价指标》（GB/T 18276—2000）

③《汽车燃料消耗量试验方法》（GB/T 12545—1990）

④《汽车加速性能试验方法》（GB/T 12543—1990）

⑤《汽车滑行性能试验方法》（GB/T 12536—1990）

⑥《汽车最小转弯直径测定方法》（GB/T 12540—1990）

⑦《汽车道路试验方法通则》（GB/T 12534—1990）

⑧《客车防雨密封性限值》（GB 12481—1990）

⑨《客车防雨密封性试验方法》（GB/T 12480—1990）

⑩《卧铺客车技术条件》（GB/T 16887—1997）

4）安全性能检测标准

①《汽车制动系统结构、性能和试验方法》（GB 12676—1999）

②《汽车驾驶员前方视野要求及测量法》（GB 11562—1994）

5）照明和信号装置检测标准

①《汽车及挂车外廓照明和信号装置的安装规定》（GB 4785—1998）

②《汽车操纵件、指示器及信号装置的标志》（GB 4094—1999）

③《机动车前照灯使用和光束调整技术规定》（GB 7454—1994）

④《汽车前照灯配光性能》（GB 4599—1994）

⑤《汽车前雾灯配光性能》（GB 4660—1994）

⑥《汽车及挂车后雾灯配光性能》（GB 11554—1998）

⑦《汽车及挂车侧标志灯配光性能》（GB 18099—2000）

⑧《汽车及挂车前位灯、后位灯、示廓灯和制动灯配光性能》（GB 5920—1999）

⑨《汽车及挂车后牌照板照明装置配光性能》（GB 18408—2001）

⑩《汽车驻车灯配光性能》（GB 18409—2001）

6) 环保性能检测标准

①《汽车排放污染物限值及测试方法》(GB 14761—1999)

②《车用点燃式发动机及装用点燃式发动机　汽车排气污染物排放限值及测量方法》(GB 14762—2002)

③《车用压燃式发动机及装用压燃式发动机　汽车排气污染物排放限值及测量方法》(GB 17691—2001)

④《在用汽车排气污染物限值及测试方法》(GB 18285—2000)

⑤《轻型汽车排气污染物排放限值及测量方法》(GB 18352—2001)

⑥《汽油车排气污染物的测量　怠速法》(GB/T 3845—1993)

⑦《柴油车自由加速烟度的测量　滤纸烟度法》(GB/T 3846—1993)

⑧《烟度卡标准》(GB 9804—1996)

7) 噪声检测标准

①《机动车辆允许噪声》(GB 1495—1979)

②《机动车辆噪声测量方法》(GB/T 1496—1979)

③《汽车定置噪声限值》(GB 16170—1996)

④《汽车加速行驶车外噪声限值及测量方法》(GB 1495—2002)

8) 汽车维修检测标准

①《汽车维护、检测、诊断技术规范》(GB/T 18344—2001)

②《汽车修理质量检查评定标准　发动机大修》(GB/T 15746.2—1995)

③《汽车修理质量检查评定标准　整车大修》(GB/T 15746.1—1995)

④《汽车修理质量检查评定标准　车身大修》(GB/T 15746.3—1995)

⑤《汽车大修竣工出厂技术条件》(GB 3798—1983)

⑥《汽车发动机大修竣工技术条件》(GB 3799—1983)

⑦《汽车用发动机净功率测试方法》(GB/T 17692—1999)

⑧《汽油机油换油指标》(GB/T 8028—1994)

9) 交通行业检测标准

①《汽车维护工艺规范》(JT/T 201—1995)

②《营运车辆技术等级划分和评定要求》(JT/T 198—2004)

③《汽车技术等级评定的检测方法》(JT/T 199—2004)

④《营运客车类型划分及等级评定》(JT/T 325—2004)

⑤《汽车检测站计算机控制系统技术规范》(JT/T 478—2002)

(3) 汽车维修企业开业条件的国家标准

汽车维修企业开业条件是指进行各类汽车维修作业必须具备的设备、设施、人员、质量管理、安全生产、环境保护和流动资金等条件。具体条件如下：

1) 设备条件

企业配备的设备型号、规格和数量应与其生产纲领、生产工艺相适应；设备技术状况应完好，满足加工、检测精度要求和使用要求；允许外协的设备必须具有合法的技术经济合同书。

应具备维修专用设备，试验、检测与诊断设备，通用设备，计量器具以及主要手工具。如从事汽车专项修理生产,必须具备 GB/T 16739.3—1997 规定的相应的汽车专项修理条件。

2)人员条件

包含技术管理人员、技术工人、质量检验人员、应至少有两名经过专业培训并取得会计证的财务人员,其中有 1 名经过行业培训的财务结算人员等成员条件。

3)质量管理条件

必须具备并执行汽车维修技术国家标准和行业标准以及汽车维修相关标准。

必须具备所维修汽车的维修技术资料。

应具有进厂检验单、过程检验单、竣工检验单、维修合同文本和出厂合格证等技术文件。

应具有并执行保证汽车维修质量的工艺文件、质量管理制度、检验制度、技术档案管理制度、标准和计量管理制度、机具设备管理及维修制度等。

4)安全生产条件

企业应有与其维修作业有关的安全管理制度和各工种、各机电设备的安全操作规程。

对有毒、易燃、易爆物品,粉尘,腐蚀剂,污染物,压力容器等均应有安全防护措施和设施。

5)环境保护条件

企业的环境保护条件必须符合国家的环境保护法律、行政法规和国家环境保护部门的规章、标准。

应积极防治废气、废水、废渣、粉尘、垃圾等有害物质和噪声对环境的污染与危害,按生产工艺安装、配置的处理"三废",通风、吸尘、净化、消声等设施应齐全可靠,符合环境保护法律、法规、规章、标准的规定。

(4)汽车维修企业的分类

国标《汽车维修开业条件》(GB/T 16739—2004)规定,汽车维修企业按经营项目分为 3 类:

①一类汽修企业(汽车大修)是从事汽车大修和总成修理生产的企业。

②二类汽车修理企业是从事一级、二级维护和汽车小修的企业。

③三类汽修企业是专门从事汽车专项修理生产企业和个体户。

2.2　汽车维修质量检验原则及程序

(1)汽车维修质量检验原则

汽车维修质量检验工作的 3 大职能:

①保证职能

保证职能及把关职能,通过原材料、维修的半成品进行检验,保证不合格的原料不投入生产,不合格的半成品不转入下一道工序。

②预防职能

通过检验处理,将其获得的数据及时反馈,以便及时发现问题找出原因,采取措施,预防不合格产品产生。

③报告职能

将质量检验的情况,及时向主管部门报告,为加强质量管理和监督提供依据。

（2）汽车维修质量检验程序

1）进厂检验

维修车辆进场后，检验员应记录驾驶员对车况的反映和报修项目，查阅车辆技术档案，了解车辆技术状况，检查车辆整车装备情况，然后按照《汽车维护、检测、诊断技术规范》（GB/T 18344—2001）的要求择项进行维修的检测，确定附加的作业项目，并把检验/检测的结果填写在检验签证单上，未经检验签证的车辆，作业人员应拒绝作业。

2）过程检验

在维修作业的过程中，都要进行过程检验。过程检验实行维修工自检、班组内部互检及厂检验员专检相结合的办法。过程检验的主要内容是零件磨损、变形、裂纹情况；配合间隙大小；有调整要求的调整数据；重要螺栓螺母扭矩。对涉及转向、制动等安全部件更须严格地检查。对不符合技术要求的部件，应进行修复、更换，以确保过程作业的质量。过程检验的数据有检验员在检验签证单上完整记录，未经过程检验签证的车辆，厂检验员有权拒绝进行竣工检验。

3）竣工检验

竣工检验由检验员专职进行。必须严格按《汽车二级维护竣工出厂技术条件》逐项进行检验签证，必要时进行路试。竣工检验的结果应逐一填写在检验签证单上，未经竣工检验合格的车辆不得送检验站检测，不得出厂。

4）维修检验程序其他分类

①**按维修程序分：**进厂检验、零件分类检验、过程检验、出厂检验（整车检查、检测、测试、路试检测后再检验、车辆验收）。

②**按检验职责分：**自检、互检、专职检验。

③**按检验对象分类：**把检验对象分为维修质量检验，自制件、改装件质量检验，燃润料、原材料及配件质量检验，机具设备、计量器具质量检验等。

知识能力训练

一、填空题

1. 按照国家标准《汽车维修开业条件》规定，汽车维修企业按经营项目分为 3 个类别：＿＿＿＿＿＿、＿＿＿＿＿＿、＿＿＿＿＿＿。

2. 汽车维修质量检验工作有 3 大职能是＿＿＿＿＿＿、＿＿＿＿＿＿、＿＿＿＿＿＿。

3. 汽车维修企业开业条件是指进行各类汽车维修作业必须具备的＿＿＿＿＿＿、设施、人员、＿＿＿＿＿＿、安全生产、＿＿＿＿＿＿和流动资金等条件。

二、简答题

汽车维修质量检验程序是什么？

学习情境 3　汽车维修检测

学习目标

1. 掌握汽车检测设备的种类、性能，了解汽车维修检验设备的使用方法。
2. 掌握汽车维修检验人员的资质及职责。
3. 具备资料收集、查询等学习能力。

技能要求

　　能够通过老师的介绍，了解汽车维修检验设备的使用，以及作为一个维修检验人员的资质及责任的了解，熟悉维修检验工艺流程。

3.1　汽车检测设备

1. 汽车发动机综合测试仪 　　它是一种发动机综合诊断设备。采用了微机控制，在不解体的情况下，对发动机能够进行自测，具有完备的查询、统计功能，将测量结果按需打印输出等功能 　　常见的型号有：深圳元征 EA-1000 型、西安陵翔 FZ2000 型等国产品牌	
2. 汽车微机解码器 　　现在在汽车上安有安全气囊、全自动空调控制系统、电控自动变速器等都是采用微机控制。汽车微机一般带有汽车故障自诊断系统 　　我国国产品牌有：电眼睛、K81、金奔腾、车博士等，如右图。其中车博士 WU-2000 系列汽车微机解码器是简、繁中文和英文界面，使用较为方便	

3. 汽车制动试验台 　它可用来测量汽车各轮的制动力、制动力增长和释放过程等。其中测量各轮制动力的大小,可以帮助维修人员和检验人员检调各轮制动力,防止汽车制动跑偏	
4. 微机四轮定位仪 　可以测量车轮前束、车轮外倾角、左右轮的转向角等参数。这些参数直接影响到汽车行驶的稳定性、转向轻便性、安全性等	
5. 侧滑试验台 　主要用于检查汽车的侧滑,有机械和电子两种。它用于测量滑动板左右方向移动□□□□检查轮胎的侧滑量,由测量装置和显示□□	
6. 前照灯检测仪 　用于检查校正汽车前照灯照射方向和发光强度,一般采用光电池,把光电池与光度计连接起来,在适当的距离内使前照灯照射电池,关电池产生电流,使光度计转动,便可测出前照灯的发光强度	
7. 废气分析仪 　可以通过测量检测出一氧化碳、碳氢化合物和氮氧化物等有害气体在汽车尾气中的浓度	

续表

8.烟度计 主要应用于柴油机排烟特性的检测	

3.2　汽车维修检验人员资质及职责

(1)对质量检验人员基本素质的要求

①质量总检验员应具备高中文化水平,持质检员证工作 3 年,且具有达到 JT/27.18 要求的汽车维修工高级技术等级证书和机动车驾驶证,并达到 JT/T 27.1 规定的中级汽车驾驶员水平。

②质量检验员应具备高中文化水平,且具有达到 JT/27.18 要求的汽车维修工中级技术等级证书和机动车驾驶证,并达到 JT/T 27.1 规定的中级汽车驾驶员水平。

(2)对质量检验员技术水平的要求

①质量总检验员应达到表 3-1 所规定的理论水平和表 3-2 所规定的操作技能要求。

②质量检验员同样应达到表 3-1 所规定的理论水平和表 3-2 所规定的操作技能要求。

③汽车维修质量检验员应达到表 3-1 所规定的理论水平。

④汽车维修检验人员应达到表 3-2 所规定的操作技能要求。

(3)《汽车维修质量检验人员技术水平要求》

1)范围

本标准规定了汽车维修质量检验人员(以下简称质检人员)应具备的理论水平和操作技能的要求。

本标准适用于汽车维修质检人员的培训和考核。

2)应用标准

下列标准所包含的条文,通过在本标准中引用而构成为本标准的条文。本标准出版时,所示版本均为有效。所有标准都会被修订,使用本标准的各方应探讨使用下列标准最新版本的可能性。

《汽车维修业开业条件》(GB/T 16739.1—1997)第一部分:一类汽车维修企业

《交通行业工人技术等级标准》(JT/T 27.1—1993)公路运输与公路养护　汽车驾驶员

《交通行业工人技术等级标准》(JT/T 27.18—1993)公路运输与公路养护　汽车维修工

《汽车维护工艺规范》(JT/T 201—1995)

3)质检人员分级

依照 GB/T 16739.1—1997 中的 6.3.2 的规定,汽车维修质检人员分为质量总检验员和质量检验员。

4)技术要求

①质检人员基本素质要求

A.质量总检验员应具备高中文化水平,持质检员证从事质检工作三年,且具有达到JT/T 27.18要求的汽车维修工高级技术等级证书和机动车驾驶证,并达到JT/T 27.1规定的中级汽车驾驶员水平。

B.质量检验员应具备高中文化水平,且具有达到JT/T 27.18要求的汽车维修工中级技术等级证书和机动车驾驶证,并达到JT/T 27.1规定的中级汽车驾驶员水平。

②质检人员技术水平要求

A.质量总检验员

a.应系统了解有关汽车维修质量管理规章和相关法律、法规,相关的主要规章和相关的法律、法规见附录A(书末尾提示的附录);

b.熟知质量总检验员的岗位职责和职业道德规范;

c.熟练掌握汽车维修质量检验的基本原理、技术标准、规范和方法,相关的主要标准和规范见附录B(书末尾提示的附录);

d.独立完成并可指导他人完成汽车维修全过程的各项质量检验工作;

e.达到表1规定的理论水平要求和表2规定的操作技能要求。

B.质量检验员

a.应系统了解有关汽车维修质量管理规章和相关法律、法规,相关的主要规章和相关的法律、法规见附录A(见书末尾提示的附录);

b.熟知质量检验员的岗位职责和职业道德规范;

c.掌握汽车维修质量检验的基本原理、技术标准、规范和方法,相关的主要标准和规范见附录B(见书末尾提示的附录);

d.独立完成并可指导维修工进行相关工种或过程的质量检验工作;

e.达到表3-1规定的理论水平要求和表3-2规定的操作技能要求。

表3-1　质检人员理论水平要求(JT/T 425—2000)

序号	项　目	技术要求
1	汽车维修质量管理知识	了解汽车维修质量管理相关法律、法规;熟悉汽车维修质量管理的行业规章、管理制度和职能;了解汽车维修质量保证体系、汽车维修质量监督办法及汽车综合性能检测的主要任务
2	汽车维修质量检验员岗位职责与职业道德规范知识	熟悉汽车维修质量检验工作职能和质检员任职资格、岗位职责、职业道德规范
3	汽车维修质量检验基础知识	熟悉汽车维修技术标准、汽车维修质量检查评定标准、汽车维修质量检验的方法和内容;了解汽车常用金属材料、非金属材料和油料的性能;掌握主要配件及油料的质量鉴别知识;熟悉汽车电子电路主要元器件的结构原理;掌握汽车电路图的识读方法、电气线路检修一般程序

续表

序号	项　目	技术要求
4	汽车维修检验及技术档案知识	熟悉汽车各级维护前、维护过程和竣工检验的项目和技术要求;掌握送修标准;熟悉发动机、底盘、汽车电气设备等系统主要零部件和总成修理检验的内容;熟悉汽车修理竣工的检验项目;熟悉组成汽车维修技术档案的各类文件类型
5	汽车整车检验与诊断知识	熟悉汽车整车检测与诊断项目和各项目的要求以及相关检测仪器设备的结构原理及性能
6	发动机检测与诊断知识	熟悉发动机检测与诊断项目和各项目的要求以及相关检测仪器设备的结构原理及性能
7	底盘及车身检测与诊断知识	熟悉汽车传动系、转向系、制动系、行驶系及车身检测与诊断项目和各项目的要求及相关检测仪器的结构原理及性能
8	微机控制系统检测与诊断知识	熟悉发动机、自动变速器、制动、防滑和安全气囊等系统的微机控制结构与原理;了解汽车故障诊断仪、故障自诊断系统的类型、特点和使用方法
9	汽车空调系统检测与诊断知识	熟悉汽车空调系统的结构原理、检测项目和各项目的要求以及检测仪器的结构原理
10	质量分析	能对生产中出现的主要质量问题进行质量分析,并提出书面报告

表 3-2　质检人员操作技能技术要求(JT/T 425—2000)

序号	项　目	技术要求
1	整车及总成检验常用检测仪器的使用维护	掌握车速表试验台、制动试验台、侧滑试验台等的使用方法;熟练掌握气体分析仪、烟度计、声级计、前照灯检验仪、车轮定位仪、电控汽车故障诊断仪、底盘测功机、发动机综合测试仪、汽车万用表等检测仪器及各种常规测量仪具的使用方法及维护要领
2	配件质量鉴定	能鉴定汽车零件是否可用、可修,识别常用汽车配件的优劣
3	底盘输出功率的测定	能应用底盘测功机进行底盘输出功率测定,并进行测试结果分析
4	汽车排气污染物的测定与分析	能应用气体分析仪(或烟度计)对汽车排气污染物进行测量,并结合测量结果进行相关故障分析,提出排放达标和降低排放的维修措施
5	车速表的校验及前照灯的检验	能应用车速表试验台进行车速表校验;熟练应用前照灯检验仪进行前照灯检验,并根据检测结果进行调整

续表

序号	项　目	技术要求
6	汽车防雨密封性试验和汽车外观检视	熟悉汽车防雨密封性试验和汽车外观检视的方法,并根据检验结果提出维修方案
7	汽车异响的检测与诊断	能利用仪器或凭经验对汽车发动机、底盘等总成的异响进行检测与诊断,确定异响类型和部位,并提出消除异响的维修措施
8	发动机功率与油耗的检测诊断	能应用发动机综合测试仪和油耗计进行发动机功率与油耗的检测,并能根据检测结果分析影响发动机功率的典型故障,提出故障排除方法
9	发动机汽缸密封性检测	掌握汽缸压缩压力、曲轴箱窜气量、汽缸漏气量、进气歧管真空度的检测方法,并能根据检测结果判断发动机汽缸密封性能
10	启动系统启动性能检测与诊断	能应用发动机综合测试仪或汽车电器万能试验器检测启动性能,并能根据检测结果进行启动系故障分析
11	点火系统点火性能的检测与诊断	能应用发动机综合测试仪或点火示波器进行点火系检测与诊断,进行点火波形分析,判断点火系故障,提出维修方案
12	燃油供给系统检测与诊断	能应用燃油系统检测仪,对燃油压力、流量和密封性能进行检测并能根据检测结果分析燃油供给系统的故障;能利用发动机综合测试仪检测柴油机燃油供给系统的供油提前角和压力波形,并能结合检测结果进行柴油机燃油供给系统的故障分析
13	润滑系统检测与诊断	应用润滑油质量检测仪检测润滑油的污染程度,并提出处理方案
14	汽车传动系统检测与诊断	能用仪器或凭经验对传动系统的工作状态进行检测,并提出调整维修方案
15	汽车转向系检测与诊断	能应用转向参数测量仪进行转向盘转向力、转向盘自由转动量的检测;能应用间隙检测仪进行转向系间隙检测,并提出调整维修措施
16	汽车制动系检测与诊断	能应用制动试验台进行汽车制动性能台试检测,并能通过道路试验检测制动距离和制动减速度;能利用检测结果进行制动性能分析,并提出改进制动性能的维修措施
17	汽车行驶系检测与诊断	能应用车轮定位仪进行前、后车轮定位参数的检测和诊断;能应用车轮平衡仪进行车轮动平衡检测;能应用间隙检测仪进行汽车悬架间隙检测,并能根据检测结果进行故障分析并作相应的调整

续表

序号	项 目	技术要求
18	轿车车身整形定位检测	能根据车身矫正系统提供的测量数据和改样资料对整形后车身进行定位检测
19	发动机微机控制系统的检测与诊断	能应用电控汽车故障诊断、汽车自诊断功能对发动机电控系统进行检测诊断,并进行故障分析与排除
20	微机控制自动变速器的检测与诊断	能应用故障分析仪、汽车自诊断功能、液压系统检测仪对自动变速器进行各项性能检测,并进行故障分析与排除
21	微机控制防抱死系统和防侧滑系统检测与诊断	能进行 ABS 和 6R 系统故障自诊断测试;正确查对故障诊断表进行 ABS 和 ASR 系统的故障诊断;并进行故障分析与排除
22	微机控制安全气囊系统的检测与诊断	能应用故障分析仪/汽车自诊断功能进行故障检测;并进行故障分析与排除
23	空调系统检测与诊断	正确进行空调系统工作压力、密封性测试;掌握空调系统故障检测与诊断的程序和常见故障的检测与诊断方法
24	二级维护前检测诊断与附加作业项目的确定	能完成 JT/T 201 中 7.2 规定项目的汽车二级维护前的检测诊断工作,并能根据检测诊断结果和 JT/T 201 中 7.3 的要求确定附加作业项目
25	汽车维护基本作业项目的检验	能完成汽车各级维护基本作业项目和二级维护附加作业项目的作业质量检验,并能承担汽车二级维护竣工上线检测的送检工作
26	汽车修理进厂检验	通过进厂检验,能确定汽车修理的作业项目
27	汽车主要零部件检验	正确应用常规测量仪表/量具进行主要零部件的检验
28	汽车电器与电子设备部件及总成检验	能正确进行蓄电池、发电机和调节器,启动机和启动继电器、仪表及辅助电器、微机控制系统主要传感器、执行器、ECU 的检验
29	车身面漆检验	能鉴别车身面漆色彩差异,发现喷漆缺陷
30	汽车修理竣工检验	能严格根据技术标准,按照相关的试验方法,对汽车修理质量进行全面检验,发现修理缺陷,正确填写检验单,检验合格后签发汽车维修竣工出厂合格证
31	汽车维修技术档案的建立	正确填写各种维修检验表格,做好检测诊断记录工作,建立完整的维修技术档案

附录 A(提示的附录)

与汽车维修质量检验人员相关的质量管理规章和相关法律、法规

A1 相关的法律

中华人民共和国产品质量法

中华人民共和国计量法

中华人民共和国标准化法

中华人民共和国合同法

中华人民共和国消费者权益保护法

A2 相关规章和法规

交通部 1990 年第 13 号令《汽车运输业车辆技术管理规定》

交通部 1991 年第 28 号令《汽车维修质量管理办法》

交通部 1998 年第 2 号令《道路运输车辆维护管理规定》

交通部 1998 年第 3 号令《道路运输行政处罚规定》

附录 B(提示的附录)

与汽车维修质量检验人员相关的技术标准和规范

B1 相关国家标准

《机动车辆允许噪声》(GB 1495—1979)

《机动车辆噪声测量方法》(GB/T 1496—1979)

《汽车大修竣工出厂技术条件》(GB/T 3798—1983)

《汽车发动机大修竣工技术条件》(GB/T 3799—1983)

《汽车发动机缸体与缸盖修理技术条件》(GB * 3801—1983)

《汽车车架修理技术条件》(GB * 3800—1983)

《汽车发动机曲轴修理技术条件》(GB * 3802—1983)

《汽车发动机凸轮轴修理技术条件》(GB * 3803—1983)

《汽油车排放污染物的测量　怠速法》(GB/T 3845—1993)

《柴油车自由加速烟度的测量　滤纸烟度法》(GB/T 3846—1993)

《压燃式发动机和装用压式发动机的车辆排气可见污染物排放限值及测试方法》(GB 3847—1999)

《大客车车身修理技术条件》(GB/T 5336—1985)

《汽车变速器修理技术条件》(GB * 5372—1985)

《汽车维修术》(GB 5624—1985)

《机动车运行安全技术条件》(GB 7258—1997)

《机动车前照灯使用和光束调整技术规定》(GB/T 7554—1987)

《汽车前桥及转向系修理技术条件》(GB * 8823—1988)

《汽车传动轴修理技术条件》(GB * 8824—1988)

《汽车驱动桥修理技术条件》(GB * 8825—1988)

《汽车曲轴箱排放污染物测量方法及限值》(GB/T 11340—1989)

《轻型汽车排气污染物测试方法》(GB/T 11642—1989)

《汽车制动性能试验方法》(GB/T 12676—1990)

《汽车防抱制动系统性能要求和试验方法》(GB 13594—1992)

《声学　机动车辆定置噪声测量方法》(GB/T 14365—1993)

《汽车排放污染物限值及测试方法》(GB 14761—1999)

《车用汽油机排气污染物排放标准》(GB 14761.2—1993)

《汽油车怠速污染物排放标准》(GB 14761.5—1993)

《柴油车自由加速烟度排放标准》(GB 14761.6—1993)

《车用汽油机排气污染物测量方法》(GB/T 14762—1993)

《汽油车燃油蒸发污染物的测量　收集法》(GB/T 14763—1993)

《汽车修理质量检查评定标准　整车大修》(GB/T 15764.1—1995)

《汽车修理质量检查评定标准　发动机大修》(GB/T 15764.2—1995)

《汽车修理质量检查评定标准　车身大修》(GB/T 15764.3—1995)

《汽车定置噪声限值》(GB 16170—1996)

《汽车用发动机净功率测试方法》(GB/T 17692—1999)

《汽车维修业开业条件》(GB/T 16739.1—1997)第一部分:一类汽车维修企业

《汽车维修业开业条件》(GB/T 16739.2—1997)第二部分:二类汽车维修企业

《汽车维修业开业条件》(GB/T 16739.3—1997)第三部分:三类汽车维修业户

《道路车辆汽车诊断系统—词汇术语》(GB/T 17349.2—1998)

《道路车辆汽车诊断系统—图形符号》(GB/T 17349.2—1998)

《压燃式发动机和装用压式发动机的车辆排气污染物排放限值及测试方法》(GB 17691—1999)

B2 相关交通行业标准

《汽车技术等级评定标准》(JT/T 198—1995)

《汽车技术等级评定的检测方法》(JT/T 199—1985)

《汽车维护工艺规范》(JT/T 210—1995)

《汽车轮胎使用与维修要求》(JT/T 303—1996)

B3 相关其他行业行业标准

《汽车驻车制动试验方法》(JB 4020—1985)

3.3　汽车维修检验的工艺流程

(1)检验评定的基本内容

①汽车大修检验基本技术文件(简称"三单一证")的评定。

②汽车发动机大修基本检验技术文件的评定。

③汽车车身大修基本检验技术文件的评定。

④汽车一、二级维护的过程检验贯穿于整个维护过程中,当车辆维护竣工时,还应按照一、二级维护竣工检验技术要求进行检验。

⑤汽车大修合格证记录内容应包括:进厂编号、牌编号、厂牌、车型、地盘号码、发动机型号

及号码、维修合同号、出厂日期、承修单位质量检验部门盖章、磨合期规定、保证期规定;要求合格证中字迹清晰,项目齐全、完整,填写真实、正确。合格证中名词术语应符合国家及行业有关标准中的规定。

(2)汽车维修与检验工艺过程

1)一级维护与检验工艺过程(见图 3-1)

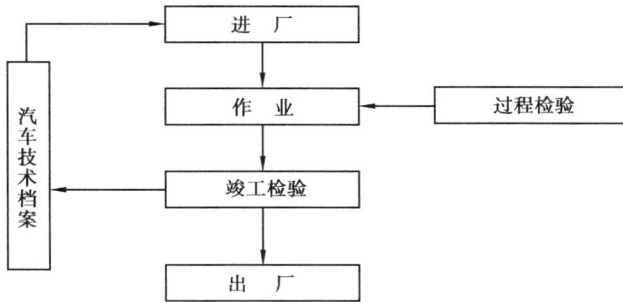

图 3-1　一级维护与检验工艺流程图

2)二级维护与检验工艺过程(见图 3-2)

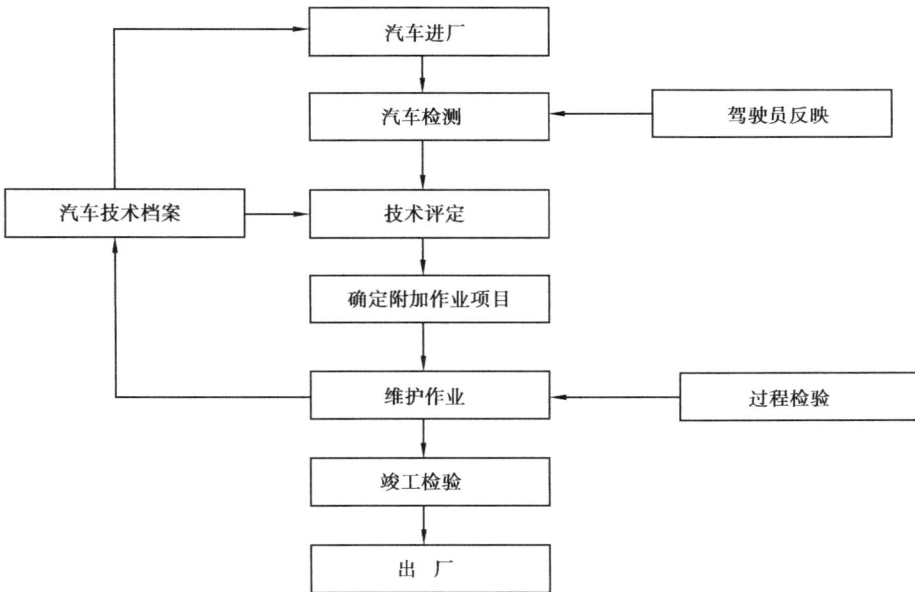

图 3-2　二级维护与检验工艺流程图

(3)汽车维修质量评定技术要求

汽车修理质量的检查评定技术要求可按国家关于汽车修理质量检查评定标准进行,主要有以下 3 项:

①《汽车修理质量检查评定标准　整车大修》(GB/T 15746.1—1995)

②《汽车修理质量检查评定标准　发动机大修》(GB/T 15746.2—1995)

③《汽车修理质量检查评定标准 车身大修》(GB/T 15746.3—1995)

知识能力训练

一、填空题

1.汽车发动机综合测试仪器是一种＿＿＿＿＿＿＿＿＿＿＿设备。

2.微机四轮定位仪器可测量＿＿＿＿＿＿＿＿＿、＿＿＿＿＿＿＿＿＿、＿＿＿＿＿＿＿＿＿等参数。

3.侧滑试验台主要用于检查汽车的侧滑量,有＿＿＿＿＿＿＿＿＿和＿＿＿＿＿＿＿＿＿两种。

二、问答题

1.对质检人员技术水平要求包括哪些内容?

2.汽车维修质量检验人员应该掌握哪些基础理论知识?

学习情境 4　汽车维护工艺质量的检验

学习目标

1. 能掌握汽车维护工艺的原则、分级,维护周期的制定等知识。
2. 掌握维护作业项目并对车辆进行维护和维护质量检验。
3. 掌握常见车型的维护项目、操作要点和技术要求。

技能要求

能够通过老师的介绍,了解汽车维护工艺,掌握一级、二级维护作业的主要作业的内容及技术要求和维护竣工的要求。

4.1　汽车维护工艺的原则、分级,维护周期的制定

(1)汽车维护周期

根据 GB/T 18344—2001 的规定,以汽车的行驶里程为基本数据,再参照汽车的说明书及汽车的使用条件。

表 4-1　汽车一级维护、二级维护周期表

车型分类　　　　　　　　　　维护周期			一、二级维护周期	
			一级维护间隔里程 或间隔时间	二级维护间隔里程 或间隔时间
乘用车(轿车和≤9 座的商务车)			6 000 ~ 10 000 km 或 20 ~ 30 天	20 000 ~ 30 000 km 或 60 ~ 90 天
商用车辆	客车	微型客车 ($L^a \leqslant 3.5$ m)	4 000 ~ 7 000 km 或 20 ~ 30 天	15 000 ~ 20 000 km 或 60 ~ 90 天
		小型客车 (3.5 m $< L^a \leqslant 6$ m)	5 000 ~ 8 000 km 或 20 ~ 30 天	16 000 ~ 25 000 km 或 60 ~ 90 天
		中型客车 (6 m $< L^a \leqslant 9$ m)	6 000 ~ 10 000 km 或 20 ~ 30 天	20 000 ~ 30 000 km 或 60 ~ 90 天

续表

车型分类 ＼ 维护周期			一、二级维护周期	
			一级维护间隔里程 或间隔时间	二级维护间隔里程 或间隔时间
商用车辆	客车	大型客车 ($9\ m < L^a \le 12\ m$)	7 000 ~ 11 000 km 或 20 ~ 30 天	23 000 ~ 35 000 km 或 60 ~ 90 天
		特大型客车 ($12\ m < L^a \le 13.7\ m$)	8 000 ~ 13 000 km 或 20 ~ 30 天	25 000 ~ 40 000 km 或 60 ~ 90 天
	货车	微型货车 ($M^b \le 1\ 800\ kg$)	5 000 ~ 7 000 km 或 30 ~ 40 天	15 000 ~ 20 000 km 或 90 ~ 120 天
		轻型货车 ($1\ 800\ kg < M^b \le 3\ 500\ kg$)	5 000 ~ 8 000 km 或 20 天 ~ 30 天	16 000 ~ 25 000 km 或 60 ~ 90 天
		大型货车 ($3\ 500\ kg < M^b \le 12\ 000\ kg$)	6 000 ~ 10 000 km 或 20 ~ 30 天	20 000 ~ 30 000 km 或 60 ~ 90 天
		重型货车 ($M^b > 12\ 000\ kg$)	7 000 ~ 11 000 km 或 20 ~ 30 天	23 000 ~ 35 000 km 或 60 ~ 90 天
		低速货车 （原四轮农用运输车）	4 000 ~ 5 000 km 或 20 ~ 30 天	10 000 ~ 15 000 km 或 60 ~ 90 天
	半挂牵引车和挂车		7 000 ~ 11 000 km 或 20 ~ 30 天	23 000 ~ 35 000 km 或 60 ~ 90 天
教练车c			3 000 ~ 5 000 km 或 30 ~ 40 天	10 000 ~ 15 000 km 或 90 ~ 120 天

注: a. 指客车的长度

b. 指货车的最大设计总质量

c. 指机动车驾驶员培训机构用于驾驶员培训的教学汽车

（2）汽车走合期和季节维护

1）走合期分为前中后 3 阶段维护

①走合期前期维护主要内容

a. 洗全车, 检查各部位的连接及紧固情况。

b. 检查散热器存水量, 并检查冷却系统各部位有无漏水现象。

c. 检查发动机、空气滤器、变速器及助力器装置用油的数量和质量。

d. 检查变速箱各挡能否正确结合。

e. 检查电器设备, 灯光和仪表工作是否正常, 并检查蓄电池电解液密度与页面高度。

②走合中期维护主要内容

a. 走合中期维护是在行驶 500 km 时进行。

b. 清洁发动机润滑系, 更换润滑油。

c. 润滑全车各润滑点。

d. 检查调整离合器自由行程。

e. 按规定力矩和顺序拧紧汽缸盖及排气管螺栓。

③走合后期维护主要内容:

a. 走合后期维护是在行驶 1 000 ~ 3 000 km 时进行。

b. 清洗变速箱、驱动桥、转向器并更换润滑油。

c. 检查和调整制动器。

d. 检查调整离合器踏板自由行程。

e. 按规定力矩和顺序拧紧地盘各部连接螺栓。

f. 检查并紧固车身,车厢各部连接,调整车厢拴钩。

2)季节性维护

①夏季

a. 用酸碱清洗发动机水套,清除冷却水垢。

b. 调整电解池电解液密度。

c. 调整火花塞间隙。

②冬季

a. 发动机及地盘各总成采用冬季润滑油。

b. 调整化油剂。

c. 调整火花塞间隙及电解池电解液密度。

d. 采取防寒、防冻措施,装用保温罩。

4.2　汽车各类维护的基本内容

汽车在使用过程中,受摩擦、振动、冲击等作用,各部机构、零件逐渐产生不同程度的变形、磨损、疲劳、腐蚀、老化,其动力性、经济性、可靠性、安全性等性能随之变差,对大气的污染加剧,发生运行性故障的可能性增加。对此,适时地、合理地进行维护,使汽车经常处于完好技术状态是非常必要的。依据国家标准,我国汽车维护的等级分日常维护、一级维护、二级维护三个等级。

(1)汽车日常维护

每天出车前、行车中和收车后对车辆进行的维护叫日常维护。具体内容有:

①对汽车外观、发动机外表进行清洗,保持车容整洁。

②对汽车各部润滑油(脂)、燃油、冷却液、制动液、各种工作介质、轮胎气压进行检视补给。

③对汽车制动、转向、传动、悬挂、灯光、信号等安全部件和位置以及发动机运转状态进行检视、校紧,确保行车安全。

(2)汽车一级维护

汽车一级维护的时间以行驶里程为基本依据,一般为 1 500 ~ 2 000 km。一级维护的内容,除了日常维护作业外,以清洁、润滑、紧固为作业中心内容,由维修企业负责执行。汽车一级维护的具体内容有:

①滤清器的清洗或更换。

②散热器、油底壳、发动机前后支垫、水泵、空压机、进排气支管、燃油喷射系统各部件连接螺栓的检查校紧。

③油面、液面检查。

④曲轴箱通风装置外观检查。

⑤点火系检查、调整。

⑥空压机、发电机、空调机皮带检查。

⑦转向器检查。

⑧离合器检查、调整。

⑨变速器、差速器检查。

⑩制动系检查。

⑪车架车身及附件检查紧固。

⑫轮胎检查。

⑬悬架机构检查。

⑭蓄电池检查。

⑮灯光、仪表、信号装置检查。

⑯全车润滑点检查、补充。

⑰全车检查:全车不漏油、不漏水、不漏气、不漏电、不漏尘,各种防尘罩齐全有效。

(3)汽车二级维护

汽车二级维护的时间基本以行驶里程为依据,同时还应该根据汽车使用条件的不同有所区别。除一级维护作业内容外,二级维护以检查、调整转向节、转向摇臂、制动蹄片、悬架等安全部件为主,并拆检轮胎,进行轮胎换位,由维修企业负责执行。汽车二级维护检测项目如下:

①发动机功率。

②汽车排气污染物。

③电控燃油喷射系统。

④柴油车检查供油提前角和喷油泵供油压力。

⑤制动性能检查。

⑥转向轮定位,主要检查前轮定位角和方向盘自由转动量。

⑦车轮动平衡。

⑧前照灯光束和照射检查。

⑨操纵稳定性检查,看有无跑偏、发抖、摆头。

⑩变速器有无泄漏、松脱、异响等现象,换挡是否轻便、灵活。

⑪离合器有无打滑、发抖现象,分离是否彻底,接合是否平稳。

⑫传动轴有无泄漏松脱异响等现象。

⑬后桥的主减速器有无泄漏松脱异响过热等现象。

(4)汽车换季维护

换季维护时间一般是在入冬和入夏前气温变化较大时进行。换季维护的内容以更换燃油、润滑油、防冻液为主。

4.3　汽车一级、二级维护作业项目及技术要求

（1）二级维护基本作业项目及技术要求

序号	作业项目	作业内容	技术要求
1	整车装备与标志	检查（测）	齐全、完整、有效、各部件连接坚固完好，车体周正、外缘左右对称高度差不大于40 mm，左右轴距差不大于1.5/1 000
2	车架、车身、驾驶室、半挂车托盘及其各相关附件	检查（测）、紧固、调整	表面无锈迹、无脱掉漆，各部螺栓及拖钩、挂钩应紧固可靠，无裂损，无窜动，齐全有效，性能可靠，工作良好无变形、断裂、脱焊、连续螺栓、铆钉紧固
3	内装饰、坐椅、靠背、卧铺及安全带	检查（测）	设备完好，无松动、齐全有效，安装牢固
4	"四漏"	检查（测）	全车不漏油、不露水、不漏气、不漏电、不漏尘，各种防尘罩齐全有效
5	全车车窗、安全出口	检查（测）	完好、可靠
6	空调装置、冷凝器	检查（测）空调系统工作状况、冷凝器的清洁	制冷效果良好 暖气装置工作正常
7	空气压缩机、贮气筒	清洁，校紧	清洁、连接可靠，无漏气，安全阀工作正常
8	车厢、地板、护轮板（挡泥板）	清洁、检查（测）	符合GB 18565的要求
9	发动机润滑油、机油滤清器	更换润滑油 视情更换机油滤清器	润滑油规格性能指标符合原厂说明书规定 液面高度符合原厂说明书规定 机油滤清器密封良好，无堵塞，完好有效
10	检查（测）润滑油油面高度	检查（测）转向器、变速器、主减速器等润滑油和液面高度，不足时按要求补给	符合原厂说明书规定
11	空气滤清器	清洁空气滤清器	空气滤清器清洁有效，安装可靠恒温进气装置真空软管安装可靠。进气转换阀工作灵敏、准确

续表

序号	作业项目	作业内容	技术要求
12	油箱及油管	检查(测)接头及密封情况	接头无破损、渗漏,紧固可靠
13	燃油滤清器	清洁燃油滤清器,并视情更换	燃油滤清器工作正常
14	曲箱通风装置	检查(测)、清洁	清洁畅通、连接可靠、不漏气、各阀门无堵塞、卡等现象
15	散热器、膨胀箱、百叶窗、水泵、节温器、传动带	检查(测)密封情况、箱盖压力阀、液面高度、水泵 检视皮带外观,调整传动带松紧度	散热器及软管无变形、破损及渗漏。箱盖接合表面良好。胶垫不老化、箱盖压力阀开启压力符合要求。水泵不漏水、无异响,节温器工作性能符合原厂说明书规定 传动带应无裂痕和过量磨损,表面无油污、传动带松紧度符合原厂说明书规定
16	进、排气歧管、消声器、排气管	检查(测)、紧固,视情补焊或更换	无裂痕、漏气、消声器性能良好
17	增压器、中冷器	检查(测)、清洁	符合原厂说明书规定
18	发动机支架	检查(测)、紧固	连接牢固、无变形和裂缝
19	喷油器、喷油泵	检查(测)喷油器和喷油泵的作用,必要时检测喷油压力和喷油状况,视情调整供油提前角	喷油器雾化良好、无滴油、漏油现象,喷油压力符合原厂说明书规定 供油提前角符合原厂说明书规定
20	分电器、高压线	清洁、检查(测)	分电器无油污,调整触点间隙在规定范围内,无松旷、漏电现象、高压线性能符合原厂说明书规定
21	火花塞	清洁、检查(测)或按照原厂使用说明书要求更换火花塞	电极表面清洁,间隙符合原厂说明书规定
22	电控燃油喷射系统供油管路	检查(测)密封状况	密封良好,作用正常

续表

序号	作业项目	作业内容	技术要求
23	前照灯、仪表、喇叭、刮水器、全车电器线路	检查（测）、调整，必要时修理或更换	前照灯(灯光数量、光色、位置)、喇叭、各仪表及信号装置功能齐全、有效,符合原厂说明书规定 刮水器电机运转无异常,连动杆连接可靠 全车线路整齐,连接可靠,绝缘良好
24	蓄电池	检查（测）、清洁、补给	清洁、安装牢固,电解液液面符合原厂说明书规定
25	ABS	检查（测）、消除故障码	功能正常
26	空气悬挂	检查（测）	工作正常
27	缓行器	检查（测）	功能正常
28	行驶记录仪	检查（测）	作用正常
29	空气调解与控制	检查（测）	功能正常
30	电子控制装置	检查（测）、消除故障码	工作正常
31	离合器	检查（测）调整离合器踏板自由行程	离合器踏板自由行程符合原厂说明书规定
32	变速器、差速器	检查（测）密封状况和操纵机构,清洁通气孔	密封良好、通气孔畅通,操纵机构作用正常,无异响、跳动、乱挡现象
33	传动轴、传动轴承支架、中间轴承	检查（测）防尘罩 检查（测）传动轴万向节工作状况 检查（测）传动轴承支架 检查（测）中间轴承间隙	防尘罩不得有裂纹、损坏,卡箍可靠,支架无松动 万向节不松旷,无卡滞,无异响 传动轴承支架无松动 中间轴承间隙符合原厂说明书规定
34	转向器、转向传动机构	检查（测）转向器传动机构的工作状况和密封性,校紧各部螺栓 检查（测）调整转向盘自由转动量	转向盘自由转动量符合规定,转向轻便、灵活,无卡滞和漏油现象。垂臂及转向节臂无弯曲及裂损,各部螺栓连接可靠

续表

序号	作业项目	作业内容	技术要求
35	四轮定位	检查（测）、调整	符合原厂说明书规定
36	驻车制动	检查（测）制动蹄片厚度、制动性能,驻车制动器自由行程	符合原厂说明书规定
37	制动阀、制动管路、制动踏板	检查（测）制动踏板自由行程 检查（测）紧固制动阀和管路接头 液压制动检查（测）制动管路内是否有气	制动踏板自由行程符合原厂说明书规定 制动阀和管路接头连接可靠,无漏气 液压制动管路内无气
38	转向轴制动	检查（测）制动蹄片厚度、制动蹄及支承销和制动盘、制动凸轮轴,视情选择作业内容	制动蹄无裂损及明显变形,摩擦片不破裂,铆接可靠,摩擦片厚度符合原厂说明书规定 支承销无过量磨损,支承销与制动蹄孔、衬套配合间隙符合原厂说明书规定
		检查（测）内外轮毂轴承及其间隙,视情选择作业内容	轴承保持架无断裂,滚柱无脱落,无裂损和烧蚀,轴承内圈无裂损和烧蚀,符合原厂说明书规定
		检查（测）前轮制动器调整臂的作用	作用正常,符合原厂说明书规定
		根据检查（测）结果视情拆卸前轮毂总成、制动蹄、支承销;必要时进行清洗转向节、轴承、支承销、清洁制动底板等作业	清洁、无油污
		根据检查（测）结果视情校紧制动盘、制动凸轮轴装置螺栓	制动底板不变形,按规定原厂说明书力矩扭紧装置螺栓 凸轮轴转动灵活、无卡滞,转向间隙符合原厂说明书规定
		检查（测）转向节及螺母、保险片及油封、转向节臂,校紧装置螺栓	转向节无裂纹,螺纹完好,与螺母配合应无径向松旷,保险片作用良好,油封完好不漏油 转向节轴径与轴承的配合间隙符合要求,转向节臂装置螺栓扭紧力矩符合原厂说明书规定

续表

序号	作业项目	作业内容	技术要求
38	转向轴制动	检查（测）制动蹄复位弹簧	复位弹簧应无明显变形,自由长度、拉力符合原厂说明书规定
		根据检查（测）结果视情进行前轮毂、制动鼓及轴承外座圈进行校对,校紧轮胎螺栓内螺母等作业	轮毂无裂损 轴承外座圈无裂纹,无麻点,无烧蚀 制动鼓无裂纹,外边缘不得高出工作表面,检视孔完整,内径尺寸、圆度误差、左右内径差符合原厂说明书规定 轮胎螺栓齐全完好,规格一致、按规定力矩拧紧
		根据检查（测）结果视情进行前轮毂装复、调整前轮轴承松紧度及制动间隙等作业	装复支承销,制动蹄支承销孔均应涂润滑脂,开口销或卡簧齐全有效 润滑轴承 制动鼓、制动片表面清洁,无油污 制动片与制动鼓的间隙应符合规定,转动无碰擦现象或声响,检视孔挡板齐全 轮毂转动灵活,用拉力计测量时可转动、且无轴向间隙 保险可靠,防尘罩、衬垫完好,螺栓垫圈齐全紧固(螺栓规格一致)
39	其他轴制动	检查（测）制动蹄片厚度、制动蹄及支承销和制动盘、制动凸轮轴,视情选择作业内容	制动蹄无裂损及明显变形,摩擦片不破裂,铆接可靠,摩擦片厚度符合原厂说明书规定 支承销无过量磨损,支承销与制动蹄承孔衬套配合间隙符合原厂说明书规定
		检查（测）轮毂轴承及其间隙,视情选择作业内容	轴承保持架无断裂,滚柱无脱落,无裂损和烧蚀,轴承内圈无裂损和烧蚀,符合原厂说明书规定
		拆半轴,根据检查（测）结果视情进行轮毂总成、制动蹄、支承销,清洗各零件及制动底板、半轴套管等作业	轮毂通气孔畅通 各零件及制动盘、后桥套管清洁无油污
		检查（测）制动底板、制动凸轮轴,校紧连接螺栓	制动底板不变形,连接栓按规定力矩紧固 凸轮轴转动灵活,无卡滞,轴向间隙和径向间隙符合原厂说明书规定

续表

序号	作业项目	作业内容	技术要求
39	其他轴制动	检查(测)后桥半轴套管、螺母及油封	套管无裂纹及明显松动,与螺母配合无径向松旷 油封完好,无损坏,无漏油 套管颈与轴承配合间隙符合原厂说明书规定
		检查(测)制动蹄复位弹簧	复位弹簧无变形,自由长度符合原厂说明书规定,拉力良好
		检查(测)后轮毂、制动鼓及轴承外座圈	轴毂无裂损 轴承外座圈不松动,无损坏 制动鼓无裂纹,内径、圆度误差、左右内径差符合原厂说明书规定,外边缘不得高出工作表面,制动鼓检视孔完整
		检查(测)扭紧半轴及半轴螺栓	半轴螺栓齐全有效,半轴无明显变曲,不磨套管,无裂纹,花键无过量磨损或扭曲变形,符合原厂说明书规定
		检查(测)轮胎螺栓,校紧内螺母	符合原厂说明书规定
		根据检查(测)结果视情进行装复后轮毂,调整制动间隙等作业	装复支承销、制动蹄片时,销孔均应涂润滑脂,开口销或卡簧齐全可靠 润滑轴承 套管轴颈表面应涂机油后再装上轴承 制动蹄片、制动鼓面应清洁,无油污 制动蹄片与制动鼓的间隙应符合原厂规定,无转动物碰擦现象和声响,检视孔挡板齐全紧固 轮毂转动灵活,拉力符合原厂说明书规定 锁紧螺母按规定力矩扭紧
40	轮胎(包括备胎)	检查(测)紧固,补气,视情进行轮胎换位、磨损严重时更换轮胎	气压符合原厂说明书规定。清洁,无裂损、老化、变形,气门嘴完好,轮胎螺栓紧固,轮胎的装用符合规定
41	钢板弹簧	检查(测)	无损坏、连接可靠,后钢板支架无裂纹及变形
42	悬架	检查(测)、紧固,视情补焊、校正	不松动,无裂纹,无断片,按原厂说明书规定扭紧力矩紧固螺栓

续表

序号	作业项目	作业内容	技术要求
43	减振器	检查(测)	稳固有效
44	车架	检查(测)	车架无变形,纵横梁无裂纹,铆钉无松动,拖车钩、备胎架齐全,无裂损变形,连接牢固
45	前后轴	检查(测)	无变形及裂纹
46	润滑	全车加注润滑脂的部位全部润滑	润滑脂嘴齐全有效,润滑良好
47	滑行性能	检查(测)	符合原厂说明书规定,满足 GB 18565 的技术要求
48	排放情况	尾气排放测量	符合 GB 18285、GB 3847 规定

（2）二级维护竣工检验技术要求

序号	检测部位	检测项目	技术要求	备注
1	整车	1）清洁	汽车外部、各总成外部应清洁	
		2）车身表面	表面应无脱掉漆,补漆颜色应与原色基本一致	
		3）车身	装备应齐全、完好、有效,各连接部件应紧固完好。车体应周正,左右轴距差和外缘左右对称部位高度差应不低于维护前该车原技术等级要求	检视检测
		4）车厢	车厢不歪斜,整体不变形,底板无损坏,边板、后门平整无变形,铰链完好,关闭严密,前后锁扣作用可靠	
		5）紧固	各总成外部螺栓、螺母应紧固,锁销齐全有效	检视
		6）润滑	发动机、变速器、转向器、减速器润滑符合规定,各通气孔畅通。各部润滑点润滑脂加注符合要求,润滑脂嘴齐全有效,安装位置正确	检视检测
		7）密封	全车各连接件无油、水、气泄漏,密封良好	检视
		8）电器	发电机应工作正常,蓄电池保持常压,所有电气导线应捆扎成束、整齐、牢固,绝缘良好	
		9）灯光数量、光色、位置	符合 GB 18565 规定	检视
		10）信号装置与仪表	符合 GB 18565 规定	检视

续表

序号	检测部位	检测项目	技术要求	备注
1	整车	11）前照灯	前照灯发光强度及光束照射位置应符合 GB 7258 要求	检测
		12）喇叭声级	机动车喇叭声级在距车前 2 m、离地高 1.2 m 处测量时，其值为 90～115 dB（A）	检测
		13）车速表指示误差	车速表指示车速 V_1（单位：km/h）与实际车速 V_2（单位：km/h）之间应符合下列关系式：$$0 \leqslant V_1 - V_2 \leqslant (V_2/10) + 4 \text{ km/h}$$且不低于维护前该车原技术等级要求	检测
2	发动机	1）发动机装备	齐全有效	检视
		2）发动机工作状况	发动机应能正常启动，低、中、高速运转均匀及稳定并无异响，水温正常，加速性能良好，无断缸、回火、放炮等现象	运行检查
		3）正时皮带	应无裂痕和过量磨损，松紧度符合使用说明书规定	
3	转向系	1）转向盘最大自由转动量	符合 GB 18565 规定，且不低于维护前该车原技术等级要求	检测
		2）转向轻便性	符合 GB 18565 规定	检测
		3）横、直拉杆装置	转向节及臂，转向横直拉杆、球销应无裂纹和损伤，球销不松旷，各部件螺栓螺母紧固，锁止可靠	检查
		4）车轮定位及最大转向角	符合该车技术规定	检测
		5）侧滑	符合 GB 7258 规定	检测
4	传动系	1）变速器、传动轴、主减速器	变速器操纵应灵活，不跳挡。变速器传动轴、主减速器各部应无异响，传动轴装配正确	运行检查
		2）离合器情况	应接合平稳，分离彻底，应无抖动、响及异常打滑现象	运行检查
5	行驶系	1）车轮、轮胎	符合 GB 18565 规定，轮胎花纹深度不低于维护前该车原技术等级要求，后轮辋孔制动鼓观察孔应对齐	检视测量
		2）钢板弹簧	钢板弹簧无断裂、位移、缺片，U 型螺栓紧固，前后钢板支架无裂纹及变形	检视
		3）减振器	稳固有效，悬架特性符合 GB 18565 规定	检视检测
		4）车架	车架无变形，纵横梁无裂纹，铆钉无松动。拖车钩、备胎架应齐全，无裂损变形，连接牢固	检视
		5）前、后轴	应无变形及裂纹	检视

续表

序号	检测部位	检测项目	技术要求	备注
6	制动系	1）行车制动性能	符合 GB 7258 的规定	检测
		2）驻车制动性能	符合 GB 7258 的规定	检测
		3）制动踏板力	符合 GB 18565 的规定	检测
		4）车轮阻滞力	符合 GB 18565 的规定	检测
7	滑行	滑行性能	符合 GB 18565 规定	检测
8	排放	尾气排放	符合 GB 18285，GB 3847 的规定，且不低于维护前该车原技术等级要求	检测
9	空调系统	空调装置	制冷系统应密封、效果良好，暖气装置工作正常	检视

（3）二级维护过程检验单

送修单位		车牌号		车型	
营运证号		发动机号		底盘号	
作业部位	检验项目	技术状况		作业人员	
整车					
发动机	汽缸压力（MPa）				
	其他				
电器系统					
离合器	离合器	踏板自由行程			
传动系	变速器、差速器	变速器、差速器工作情况 主要部件磨损情况			
	传动轴、传动轴承支架、中间轴承	万向节情况 中间轴承支架及间隙			
转向系	转向器、转向传动机构	转向盘自由转动量 横直拉杆、转向节及节臂情况			
	四轮定位				

续表

送修单位			车牌号		车型	
营运证号			发动机号		底盘号	
制动系	驻车制动		制动摩擦片厚度 驻车制动器自由行程			
	制动阀、制动管路、制动踏板		制动踏板自由行程			
	转向轴制动器		制动蹄片厚度 制动盘厚度 制动毂内径 制动器间隙 摩擦片距铆钉头深度			
	非转向轴制动器		制动蹄片厚度 制动盘厚度 制动毂内径 制动器间隙 摩擦片距铆钉头深度 半轴及半轴套管情况(轴承颈直径)			
行驶系	轮胎		轮胎动平衡量 轮胎胎冠花纹深度			
其他						

小修情况记录		更换主要零部件记录			
项　目	修理情况摘要	名　称	规　格	数　量	产　地

备注		检验员(签字): 　　年　月　日

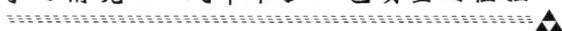

（4）二级维护竣工检验单

送修单位		车牌号		车型	
合同编号		发动机号		底盘号	

<table>
<tr><td rowspan="14">外检及路试项目</td><td>清洁</td><td></td><td>对称</td><td></td><td>面漆</td><td></td></tr>
<tr><td>灯光</td><td></td><td>信号</td><td></td><td>润滑</td><td></td></tr>
<tr><td>各部润滑</td><td></td><td>喇叭声级</td><td></td><td>后视镜</td><td></td></tr>
<tr><td>紧固</td><td></td><td>仪表</td><td></td><td>车门/车窗</td><td></td></tr>
<tr><td>刮水器</td><td></td><td>驾驶室</td><td></td><td>车架</td><td></td></tr>
<tr><td>车身/车厢</td><td></td><td>客车车内噪音</td><td></td><td>密封及电器</td><td></td></tr>
<tr><td>空调系统</td><td></td><td>钢板弹簧</td><td></td><td>制动装置</td><td></td></tr>
<tr><td>发动机工作状况</td><td></td><td>发动机异响</td><td></td><td>发动机装备</td><td></td></tr>
<tr><td>转向机构</td><td></td><td>横直拉杆装置</td><td></td><td>正时皮带</td><td></td></tr>
<tr><td>离合情况</td><td></td><td>传动轴</td><td></td><td>主减速器</td><td></td></tr>
<tr><td>变速器</td><td></td><td>前后轴</td><td></td><td>轮胎</td><td></td></tr>
<tr><td>悬架</td><td></td><td>减振器</td><td></td><td>底盘异响</td><td></td></tr>
</table>

检测项目

	转向盘最大转动量				侧滑量		m/km
	前轮最大转向角				滑行性能		

制动	检测项目	轴重/kg	左制动	右制动	总制动力	阻滞力/%	协调时间
	前轴制动						
	中轴制动						
	后轴制动						
	整车制动						
	驻车制动						
	制动踏板力/自由行程						

灯光	检测项目	发光强度/cd	检测项目	上/下偏移量 mm/10 m	左/右偏移量
	左灯		近光光束		
			远光光束		
	右灯		近光光束		
			远光光束		

排放	汽油车尾气排放	怠速	CO		%	HC	
	汽油车尾气排放	双怠速	CO		%	HC	
	柴油车尾气排放	烟度值			Rb	光吸收系数	

车主意见 签字： 年 月 日	维护厂家 质检员检字：（章） 年 月 日

注：检视路试项目合格的填"√"，不合格的填"×"。

知识能力训练

一、填空题

1.汽车维护分为_____。

2.汽车日常维护分为_____。

3.汽车走合期维护一般分为_____的维护。

4.车辆维护要遵循_____的原则。

5.汽车二级维护质量保证日期为_____天。

二、判断题

1.修理传动轴万向节是否松框属于一级维护。（　　）

2.轮胎气压越高越好。（　　）

3.一般维修保养时机油和机油滤清器要一次更换。（　　）

4.一般车型火花塞间隙为 1～1.1 mm。（　　）

三、问答题

1.汽车各级维护中心作业内容是什么？

2.汽车二级维护竣工检验的技术要求是什么？

学习情境 5　汽车检测与诊断技术

知识目标

1. 汽车综合性能检测项目要求。
2. 底盘测功机的使用。
3. 悬架试验台的使用。
4. 车轮动平衡机的使用。
5. 前轮定位仪的使用。
6. 油耗仪的使用。
7. 转向轮转角仪的使用。
8. 发动机分析仪的使用。

技能目标

能熟练电脑操作出具相应单据;能熟练掌握检测设备的使用。

5.1　汽车整车检测

汽车整车的技术状况,关系到车辆行驶的动力性、经济性、排气净化性、操纵稳定性、安全性和舒适性等使用性能,因此,汽车整车的技术状况是汽车检测诊断的重点内容之一。

汽车整车技术状况的变化,主要表现在故障增多、性能降低和损耗增加上。在诸多诊断参数中,要特别选出那些与汽车上述使用性能有关的参数进行检测、分析与判断,以便确定整车的技术状况。

汽车整车诊断参数的检测,可以在汽车检测线上进行。当汽车在检测线上进行试验时,滚筒式试验台以筒的表面代替路面,通过加载装置给滚筒施加负荷,以模拟行驶阻力,使汽车尽可能在接近实际行驶工况下进行各项检测与试验。因此,汽车的动力性、燃料经济性、加速性、滑行性、制动性和车速表指示误差等,均可以在检测线上测定。

5.1.1　汽车检测站

汽车检测站是综合运用现代检测技术,对汽车实施不解体检测的机构。它具有现代的检测设备和检测方法,能在室内检测出车辆的各种参数并诊断出可能出现的故障,为全面、准确评价汽车的使用性能和技术状况提供可靠的依据。汽车检测站不仅是车管机关或行业对汽车技术状况进行检测和监督的机构,而且已成为汽车制造企业、汽车运输企业、汽车维修企业中不可缺少的重要组成部分。

(1)汽车检测站的任务和类型

1)检测站的任务

按我国交通部第 29 号令《汽车运输业车辆综合性能检测站管理办法》的规定,汽车检测站的主要任务如下:

①对在用运输车辆的技术状况进行检测诊断。

②对汽车维修行业的维修车辆进行质量检测。

③接受委托,对车辆改装、改造、报废及其有关新工艺、新技术、新产品、科研成果等项目进行检测,提供检测结果。

④接受公安、环保、商检、计量和保险等部门的委托,为其进行有关项目的检测,提供检测结果。

2)检测站的类型

按不同的分类方法,汽车检测站可分为不同的类型。

①按服务功能分类

按服务功能分类,汽车检测站可分为安全检测站、维修检测站和综合检测站 3 种。

安全检测站是国家的执法机构。它按照国家规定的车检法规,定期检测车辆中与安全和环保有关的项目,以保证汽车安全行驶,并将污染降低到允许的限度。这种检测站对检测结果往往只显示"合格""不合格"两种,而不作具体数据显示和故障分析,因而检测速度快。检测合格的车辆凭检测结果报告单办理年审签证,在有效期内准予车辆行驶。安全检测站一般由车辆管理机关直接建立,或由车辆管理机关认可的汽车运输企业、汽车维修企业等单位建立,也可多方联合建立。

维修检测站主要是从车辆使用和维修的角度,担负车辆维修前、后的技术状况检测。它能检测车辆的主要使用性能,并能进行故障分析与诊断。它一般由汽车运输企业或汽车维修企业建立。

综合检测站既能担负车辆管理部门的安全环保检测,又能担负车辆使用、维修企业的技术状况诊断,还能承接科研或教学方面的性能试验和参数测试。这种检测站检测设备多,自动化程度高,数据处理迅速准确,因而功能齐全,检测项目广度深度大。

②按规模大小分类

按规模大小分类,汽车检测站可分为大、中、小 3 种类型。

大型检测站检测线多,自动化程度高,年检能力大,且能检测多种车型。中型检测站至少有两条检测线。小型检测站主要指那些服务对象单一的检测站,如规模不大的安全检测站和维修检测站。

③按自动化程度分类

按检测线的自动化程度分类,汽车检测站可分为手动式、半自动式和全自动式 3 种类型。

手动检测站由人工手动控制检测过程,从各单机配备的指示装置上读数,笔录检测结果或由单机配备的打印机打印检测结果,因而工作人员多,检测效率低,读数误差大,多适用于维修检测站。

全自动检测站利用微机控制系统,除车辆的外观检查工位仍需人工检查外,能自动控制其他所有工位上的检测过程,使设备的启动与运转、数据采集、分析判断、存储、显示和集中打印报表等全过程实现自动化。由于全自动检测站自动化程度高,检测效率高,能避免人为的判断错误,因而获得广泛应用,目前国内外的安全检测站多为这种类型。

半自动检测站的自动化程度或范围介于手动和全自动检测站之间,一般是在原手动检测站的基础上将部分检测设备(如侧滑试验台、制动试验台、车速表试验台等)与微机联网以实现自动控制,而另一部分检测设备(如烟度计、废气分析仪、前照灯检测仪、声级计等)仍然手动操作。当微机联网的检测设备因故不能进行自动控制时,各检测设备仍可手动使用。

④综合检测站按职能分类

综合检测站按职能分类,可分为A级站、B级站和C级站3种类型,其职能如下:

A级站能全面承担检测站的任务,即能检测车辆的制动、侧滑、灯光、转向、前轮定位、车速、车轮动平衡、底盘输出功率、燃料消耗、发动机功率和点火系状况以及异响、磨损、变形、裂纹、噪声、废气排放等状况。

B级站能承担在用车辆技术状况和车辆维修质量的检测,即能检测车辆的制动、侧滑、灯光、转向、车轮动平衡、燃料消耗、发动机功率和点火系状况以及异响、变形、噪声、废气排放等状况。

C级站能承担在用车辆技术状况的检测,即能检测车辆的制动、侧滑、灯光、转向、车轮动平衡、燃料消耗、发动机功率以及异响、噪声、废气排放等状况。

(2)汽车检测站的组成

1)各类汽车检测站的组成

汽车检测站主要由一条至数条检测线组成。对于独立而完整的检测站,除检测线外,还应包括停车场、清洗站、泵气站、维修车间、办公区和生活区等设施。

①安全检测站

一般由一条至数条安全环保检测线组成。有两条以上安全环保检测线时,一般一条为大、小型汽车通用自动检测线,另一条为小型汽车的专用自动检测线,有的还配备一条新规检测线(对新车登录、检测之用)和一条柴油车排烟检测线。

②维修检测站

一般由一条至数条综合检测线组成。

③综合检测站

一般由安全环保检测线和综合检测线组成,可以各为一条,也可以各为数条。国内交通系统建成的检测站大多属于综合检测站。

2)汽车检测线的工位布置

不管是安全环保检测线,还是综合检测线,它们都由多个检测工位组成,布置形式多为直线通道式,即检测工位按一定顺序分布在直线通道上,有利于流水作业。

①安全环保检测线

手动和半自动的安全环保检测线,一般由外观检查(人工检查)工位、侧滑制动车速表工位、灯光尾气工位3个工位组成。全自动安全环保检测线可以由三工位、四工位或五工位组成。五工位一般包括汽车资料输入及安全装置检查工位、侧滑制动车速表工位、灯光尾气工位、车底检查工位、综合判定及主控制室工位。如图5-1所示为国产五工位全自动安全环保检测线。

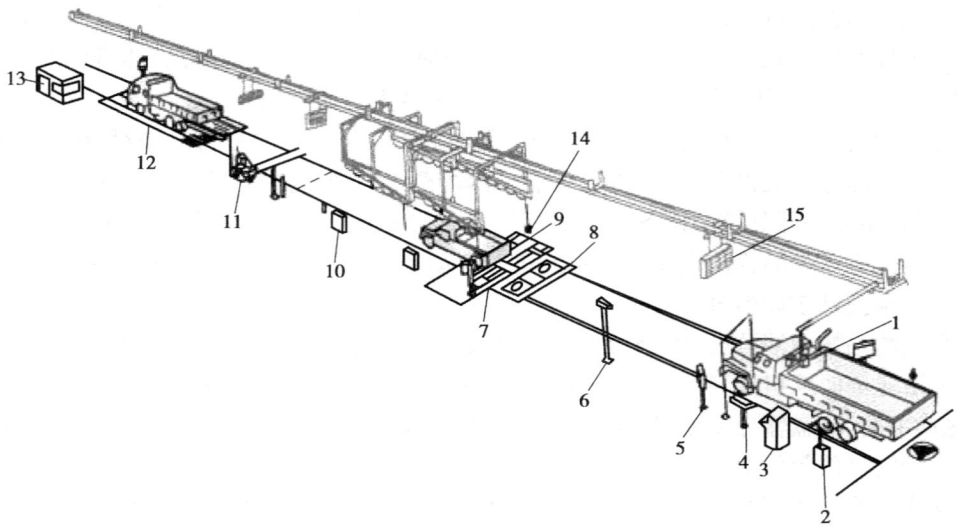

图 5-1 国产五工位全自动安全环保检测线

1—进线指示灯;2—烟度计;3—汽车资料登录微机;4—安全装置检查不合格项目输入键盘;
5—烟度计检验程序指示器;6—电视摄像机;7—制动试验台;8—侧滑试验台;9—车速表试验台;
10—废气分析仪;11—前照灯检测仪;12—车底检查工位;13—主控制室;
14—车速表检测申报开关;15—检验程序指示器

②综合检测线

综合检测站分为 A,B,C 3 种类型。A 级站在国内一般设置两条检测线,一条为安全环保检测线,主要承担车管部门对车辆进行年审的任务;另一条为综合检测线,主要承担对车辆技术状况的检测诊断。其综合检测线一般有两种类型:一种是全能综合检测线,设有包括安全环保检测线主要检测设备在内的比较齐全的工位,这种检测线的检测设备多,检测项目齐全,与安全环保检测线互不干扰,因而检测效率相对较高,但建站费用也高;另一种是一般综合检测线,设置的工位不包括安全环保检测线的主要检测设备,主要由底盘测功工位组成,能承担除安全环保检测项目以外项目的检测诊断,必要时车辆须开到安全环保检测线上才能完成有关项目的检测,国内已建成的综合检测站有相当多是属于这种类型,与全能综合检测线相比,一般综合检测线设备少,建站费用低,但检测效率也低。

如图 5-2 所示的综合检测线,是一种接近全能的综合检测线。它由发动机测试及车轮平衡工位、底盘测功工位、车轮定位及车底检查工位组成,除制动性能不能检测外,安全环保检测线上的其他检测项目均能在该线上检测。

B 级站和 C 级站的综合检测线不包括底盘测功工位。

(3)汽车检测线的设备与检测项目

1)安全环保检测线

以如图 5-1 所示五工位全自动安全环保检测线为例,表 5-1 为主要检测项目、设备及其用途。在表列设备中,侧滑试验台、轴重计或轮重仪、制动试验台、车速表试验台、前照灯检测仪、排气分析仪、烟度计、声级计和检测手锤为检测设备。

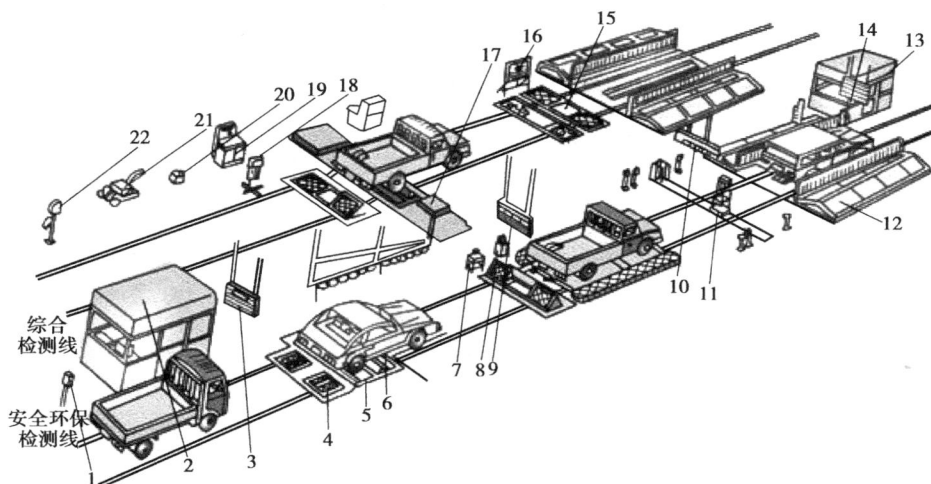

图 5-2　双线综合检测站

1—进线指示灯;2—进线控制室;3—L 工位检验程序指示器;4、15—侧滑试验台;5—制动试验台;

6—车速表试验台;7—烟度计;8—排气分析仪;9—ABS 工位检验程序指示器;

10—HX 工位检验程序指示器;11—前照灯检测仪;12—地沟系统;13—主控制室;

14—P 工位检验程序指示器;16—前轮定位检测仪;17—底盘测功工位;18、19—发动机综合测试仪;

20—机油清净性分析仪;21—就车式车轮平衡仪;22—轮胎自动充气机

2）综合检测线

以外观检查及车轮定位工位、制动工位和底盘测功工位组成的三工位全能综合检测线为例,表 5-2 为主要设备及其用途,与表 5-1 所列相同的设备未列出。

①外观检查及车轮定位工位

a. 主要设备:轮胎自动充气机、轮胎花纹测量器、检测手锤、地沟内举升平台、地沟上举升器、就车式车轮平衡机、声发射探伤仪、侧滑试验台、四轮定位仪或车轮定位检测仪、转向盘自由转动量检测仪、转向盘转向力检测仪、传动系游动角度检测仪、底盘间隙检测仪等。

b. 检测项目:车上车底外观检查、就车检测调整车轮不平衡量、对转向节枢轴等安全机件进行探伤、检测前轮侧滑量和最大转向角、检测前轮和后轮定位参数、检测转向盘自由转动量和转向盘转向力、检测传动系游动角度、检测轮毂轴承等处的松旷量等。

②制动工位

a. 主要设备:轴重计或轮重仪、制动试验台等。

b. 检测项目:检测各轴轴重、检测各轮制动拖滞力和制动力及按制动曲线分析制动过程、检测驻车制动力等。

③底盘测功工位

a. 主要设备:底盘测功试验台、发动机综合参数测试仪、电控系统检测仪、电器综合测试仪、汽缸压力测试仪或汽缸压力表、汽缸漏气量（率）测试仪、真空表或真空测试仪、油耗计、五气体分析仪、烟度计、声级计、机油清净性分析仪、发动机无负荷测功仪、发动机异响分析仪、传动系异响分析仪、温度计等。

b. 检测项目:本工位能模拟汽车道路行驶,因而可组织较多的检测设备同时或交叉对汽车发动机、底盘、电气设备和车身等进行动态综合检测诊断。配备的设备越多,能检测诊断的项目也越多。

表 5-1　全自动安全环保检测线检测项目、主要设备及其用途

检测工位	主要检测项目	设备名称	设备用途
汽车资料输入及安全装置检查工位(L工位)	汽车上部的灯光和安全装置等项目的外观检查	进线指示灯	控制进线车辆,绿灯进,红灯停
		汽车资料登录微机	登录汽车资料,并发送给主控制微机
		工位测控微机	担负工位检测过程监控,数据采集处理等项工作
		检验程序指示器	指示工位检测程序,下达操作指令,显示检测结果,引导车辆前进
		轮胎自动充气机	按设定的轮胎气压自动充气
		轮胎花纹测量器	测量轮胎花纹深度
		检测手锤	检查各连接件、车架等是否松动或开裂
		不合格项目输入键盘	将车上、车下外观检查中的不合格项目报告主控制微机
		监察电视及摄像机	供主控制室监察地沟及整个检测线的工作情况
侧滑制动车速表工位(ABS工位)	侧滑检测轴重检测制动检测车速表检测	侧滑试验台	检测转向轮侧滑量
		轴重计或轮重仪	检测各轴轴重
		制动试验台	检测各轮拖滞力、制动力和驻车制动力
		车速表试验台	检测车速表指示误差
		车速表检测申报开关或遥控器	当试验车速达40 km/h时按下此开关或遥控器,微机采集此时的实际车速数据
		光电开关	当车轮遮挡光电开关时,光电开关产生的信号输入微机,报告车辆到位,微机安排检测开始
		反光镜	供驾驶员观察车轮到达试验台或停车线的位置
灯光尾气工位(HX工位)	前照灯检测排气检测喇叭声级检测	前照灯检测仪	检测前照灯发光强度和光束偏斜量
		排气分析仪	检测汽油车排气中的CO和HC浓度
		烟度计	检测柴油车排气中的自由加速烟度
		声级计	检测喇叭声级
		停车位置指示器	指引汽车在灯光尾气工位停车线上准确停车
车底检查工位(P工位)	车辆底部外观检查	地沟内举升平台	使地沟内的检测人员在高度上处于较有利的工作位置
		对讲话筒及扬声器	用于地沟上下的通话联系
		地沟内报警灯或报警器	报告车辆到达车底检查工位
综合判定及主控制室工位	对各工位检测结果进行综合判定后,打印检测结果报告单	主控制微机	安排检测程序,对照检测标准,综合判定并存储、打印检测结果
		打印机	打印检测结果报告单
		控制台	主控制微机、键盘、显示器、打印机、监察电视等均安放在控制台上,是全线的控制中心
		主控制键盘	当微机系统出现故障不能使用时,可通过主控制键盘对各工位实施控制,以不间断检测工作
		稳压电源和不间断电源	稳定电压,不间断供电

表 5-2　全能综合检测线主要设备及其用途

序号	设备名称	设备用途
1	地沟上举升器	举起车辆,使车轮离地
2	就车式车轮平衡机	就车检测车轮不平衡量,并通过配重使车轮平衡
3	声发射探伤仪	在不解体情况下探测零件的裂纹和损伤
4	四轮定位仪或车轮定位检测仪	检测车轮前束值、车轮外倾角和主销后倾角、主销内倾角及前轮最大转向角度值
5	转向盘自由转动量检测仪	检测转向盘自由转动量
6	转向盘转向力检测仪	检测转向盘转向力
7	传动系游动角度检测仪	检测传动系自由转动量
8	底盘间隙检测仪	检测轮毂轴承、转向节主销、纵横拉杆和钢板弹簧销等处的间隙
9	底盘测功试验台	检测驱动车轮的输出功率或驱动力,模拟道路行驶,做各种性能试验,进行动态检测诊断等
10	发动机综合参数测试仪	对发动机的功率、汽缸压力、点火正时、供油正时、点火系技术状况、供油系技术状况、电控系统和异响等进行检测、分析和判断
11	电控系统检测仪	包括读码器、解码器、扫描器、专用诊断仪、示波器、分析仪、信号模拟器和综合测试仪等,用于对汽车电控系统的检测和诊断
12	电器综合测试仪	检测电器设备的技术状况
13	汽缸压力测试仪或汽缸压力表	检测汽缸压缩压力
14	汽缸漏气量(率)测试仪	检测汽缸的漏气量或漏气率
15	真空表或真空测试仪	检测进气管负压值,用于评价汽缸密封性
16	油耗计	检测燃油消耗量
17	五气体分析仪	检测排气中的 CO、HC、NO_X、CO_2、O_2
18	机油清净性分析仪	分析机油的清净性程度
19	发动机无负荷测功仪	对发动机进行无负荷加速测功
20	发动机异响分析仪	诊断发动机异响
21	传动系异响分析仪	诊断传动系异响
22	温度计或温度仪	检测各总成温度及发动机排气温度

(4)汽车检测站的工艺路线流程

汽车进入检测站后,在检测线上只有按照规定的检测工艺路线和程序流动,才能完成整个检测过程。

1)检测站工艺路线流程

对于一个独立而完整的检测站,汽车进站后的工艺路线流程如图 5-3 所示。

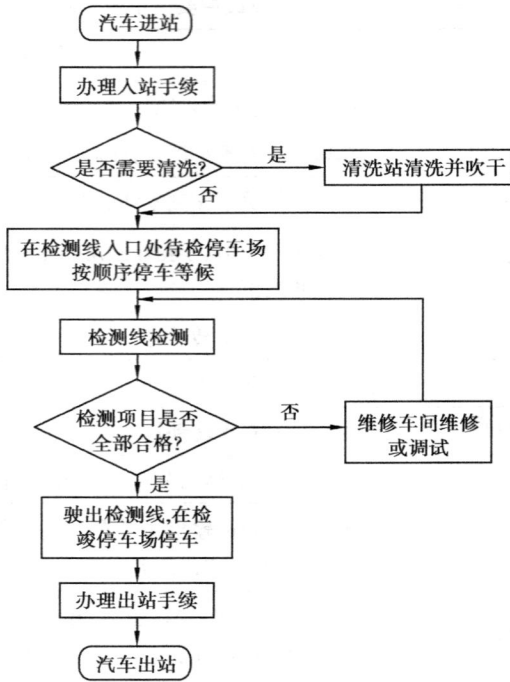

图 5-3 检测站工艺路线流程图

2）检测线工艺路线流程

检测线的工位布置是固定的,进线检测的汽车按工位顺序流水作业。以三工位全能综合检测线为例,其工艺路线流程如图 5-4 所示。

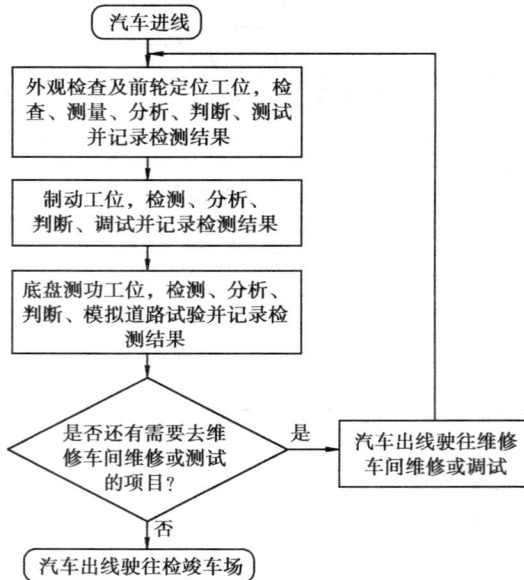

图 5-4 全能综合检测线工艺路线流程图

5.1.2　汽车动力性的检测

汽车的动力性是指汽车在良好路面上直线行驶时由汽车受到的纵向外力决定的、所能达到的平均行驶速度。动力性是汽车各种性能中最基本、最重要的性能。

从获得尽可能高的平均行驶速度的观点出发,汽车的动力性主要由 3 方面的指标来评定,即:汽车的最高车速、汽车的加速时间、汽车能爬上的最大坡度。

最高车速是指汽车在无风情况下,在水平良好的路面(混凝土或沥青)上能达到的最大行驶速度。

汽车的加速时间表示汽车的加速能力,它对平均行驶车速有很大的影响,常用原地起步加速时间与超车加速时间这两项指标来表明汽车的加速能力。

汽车满载(或某一载质量)时在良好路面上的最大爬坡度可表示汽车的上坡能力。

汽车动力性可在道路或台架上进行检测。道路检测主要是测定最高车速、加速能力、最大爬坡度等评价参数,滑行距离能够表明底盘传动系统与行驶系的配合间隙与润滑等技术状况,且可确定汽车的滚动阻力系数,因此在进行动力性试验时常常也包括滑行试验。

台架试验可测量汽车的驱动力和各种阻力。

(1)道路试验检测动力性

1)最高车速试验

最高车速是指汽车在无风情况下,在水平良好的路面(混凝土或沥青)上汽车能达到的最大行驶速度 V_{max}。它不是瞬时值,而是可连续行驶一定距离的最高速度。最高车速反映了车辆依靠动力所能达到的车速极限,试验时应关闭汽车门窗和空调系统等附加设施,试验车辆按通用试验条件的规定进行准备。

试验在符合试验条件的道路上,选择中间 200 m 为测量路段,并用标杆做好标志,测量路段两端为试验加速区间。根据试验汽车加速性能的优劣,选定充足的加速区间(包括试车场内环形高速跑道),使汽车在驶入测量路段前能够达到最高的稳定车速。试验汽车在加速区间以最佳的加速状态行驶,在到达测量路段前保持变速器(及分动器)在汽车设计最高车速的相应挡位,油门全开,使汽车以最高的稳定车速通过测量路段。试验过程中注意观察汽车各总成、部件的工作状况并记录异常现象。

试验往返各进行一次,测定汽车通过测量路段的时间,并按下式计算试验结果。

$$V = \frac{720}{t}$$

式中　V——汽车最高车速,km/h;

　　　t——往返试验所测时间的算术平均值,s。

测量仪器可采用钢卷尺和计时器(如秒表或其他光电管式计时装置,最小读数为 0.01 s),现在多选用第五轮仪或非接触式汽车速度仪,直接得出汽车速度。

2)加速性能试验

汽车的加速能力对平均行驶车速有很大影响。由《汽车理论》可知,汽车在水平平坦路面上的加速度大小与动力因素成正比。因此,加速度大小反映了车辆动力特性的好坏。从理论上讲,评价加速性,应该用加速度和时间的关系,但实用意义不大,不如采用速度或距离与时间的关系较直观,所以一般都是用汽车从某一条件下加速到某一距离或某一车速的时间表示。常用原地起步加速时间与超车加速时间这两项指标来表明汽车的加速能力。

原地起步加速时间是指汽车由第 1 挡起步并以最大的加速度(包括选择适当的换挡时机)逐步换至高挡后到达某一预定的距离或车速所需的时间,采用起步连续换挡加速试验来测定。国外一般用 0~400 m,0~500 m 或 0~1 000 m 的原地起步加速时间来比较加速能力。

超车加速时间是指用最高挡或次高挡由某一中等车速全力加速至某一高速所需的时间。因为超车时汽车与被超车辆并行,容易发生安全事故,所以超车加速能力强,并行行程短,行驶就安全。超车加速能力还没有一致的规定,采用较多的是用最高挡或次高挡由预定车速全力加速行驶至某一高速所需的时间,或由加速曲线即车速-时间关系曲线全面地反映加速能力。

试验分最高挡和次高挡加速性能试验以及起步连续换挡加速性能试验两种进行。装有自动变速器的汽车只进行原地起步加速试验。若自动变速器有两挡,则分别进行两次试验。

在进行最高挡和次高挡加速性能试验时,首先选取合适长度的加速性能试验路段,在两端各放置标杆作为记号。汽车在变速器预定挡位,以预定的车速(从稍高于该挡最低稳定车速起,选 5 的整数倍之速度如 20,25,30,35,40 km/h)作等速行驶,用第五轮仪监视初速度,当车速稳定后(偏差 ±1 km/h),驶入试验路段,迅速将油门踏板踩到底,使汽车加速行驶至该挡最大车速的 80% 以上,对于轿车应达到 100 km/h 以上。用第五轮仪记录汽车的初速度和加速行驶的全过程,试验往返各进行一次,往返加速试验的路段应重合。

起步连续换挡加速性能试验在同前一样的试验路段进行,汽车停于试验路段之一端,变速器置入该车的起步挡位,迅速起步并将油门踏板快速踩到底,使汽车尽快加速行驶,当发动机达到最大功率转速时,力求迅速无声地换挡,换挡后立即将油门全开,直至最高挡最高车速的 80% 以上,对于轿车应加速到 100 km/h 以上。用第五轮仪测定汽车加速行驶的全过程,往返各进行一次,往返试验的路段应重合。

试验主要仪器有第五轮仪和发动机转速表,试验前应根据仪器的使用说明书对仪器进行标定。

3)爬陡坡性能试验

爬坡性能试验的目的是在各种坡度的坡道上测定汽车的起步能力和爬坡能力,其中分陡坡试验和长坡试验。

①陡坡试验

爬陡坡试验一般在专门设置的坡道上进行,坡道长度应大于汽车长度的 2~3 倍。车辆用最低挡开始爬坡,其所能克服的最大坡度值即为最大爬坡能力,用角度或纵向升高百分比表示。轿车的最大爬坡度一般在 20% 以上,货车爬坡度为 20%~30%,越野车爬坡能力是重要指标,一般最大爬坡度不小于 60%。而液力传动车辆,其最大爬坡度可达很大值,但仅具有极低的车速,因此一般以克服一定的坡度时的车速来评价其爬坡性能。

试验车辆按通用试验条件的规定进行准备。试验时的坡道坡度应接近于试验车的最大爬坡度。坡道长不小于 25 m,坡前应有 8~10 m 的平直路段。试验车停于平直路段上,起步后,将油门全开进行爬坡。测量并记录汽车通过测速路段的时间及发动机转速,爬坡过程中监视各仪表(如水温、机油压力等)的工作情况;爬至坡顶后,停车检查各部位有无异常现象发生,并做详细记录。如第一次爬不上,可进行第二次,但不超过两次。爬不上坡时,测量停车点

(后轮触地中心)到坡底的距离,并记录爬不上的原因。

如没有规定坡度的坡道,可增减装载质量或采用变速器较高一挡(如 2 挡)进行试验,再按下式折算为厂定最大总质量下,变速器使用最低挡时的最大爬坡度:

$$\alpha_{max} = \arcsin\left(\frac{m_a'}{m_a} \cdot \frac{i_1}{i'} \cdot \sin\alpha\right)$$

$$\alpha_{max} = \arcsin\left(\frac{P_{max}}{9.8\ m_a}\right)$$

式中　α——试验时的实际坡度,(°);

　　　m_a'——汽车实际总质量,kg;

　　　m_a——汽车厂定最大总质量,kg;

　　　i_1——最低挡总速比;

　　　i'——实际总速比。

最大爬坡度也可用负荷拖车法进行测量。方法是在平直铺装的路面上,用负荷拖车测量汽车最低挡的最大拖钩牵引力,按下式计算出最大爬坡度。

$$\alpha_{max} = \arcsin\left(\frac{P_{max}}{9.8 m_a}\right)$$

式中　P_{max}——汽车最低挡最大拖钩牵引力,N。

若试验车为越野车,则变速器使用最低挡,分动器亦置于最低挡,全轮驱动,停于接近坡道的平直路段上,起步后,将油门全开进行爬坡;当试验车处于坡道上,停住车辆,变速器放入空挡,发动机熄火 2 min,再起步爬坡。测量并记录通过测速路段的时间及发动机转速。爬坡过程中监视各仪表的工作状况,爬至坡顶后,检查各部位有无异常现象,并作详细记录。

试验常用仪器有坡度仪,发动机转速表,秒表,钢卷尺(50 m)等。

②长坡试验

爬长坡试验的目的是综合考验汽车的动力性和燃油经济性能,并对发动机冷却系冷却能力、发动机热状况和传动系统等在低转速、大转矩工作条件下的性能加以考验,也可通过测定挡位利用率,对传动系速比的合理设置进行分析比较。

爬长坡试验在最大纵向坡度为 7% ~10%、长 10 km 以上的连续长坡上进行,一般要求上坡路段应占坡道 90% 以上。试验时,根据道路情况和汽车的动力状况,以合适的变速器挡位爬坡,原则上在保证安全和交通法规允许的前提下,尽可能以较高车速行驶。注意观察发动机水温及底盘零部件工作状态,当有"开锅"等异常情况时,应停止试验。记录从起点到终点行驶过程各挡位使用次数和时间、行驶里程、燃油消耗量,计算出各挡位时间(或里程)利用率、汽车行驶平均车速和百公里油耗。

针对发动机冷却系统冷却能力的试验,也可采用负荷拖车法进行。

4)室外道路试验的主要仪器设备

①第五轮仪

在进行车辆道路试验时,为了测量车辆的行程和速度,虽然可以利用由传动系驱动的里程表和速度表,但这种方法不准确。因为车辆驱动轮的滚动半径直接受驱动力矩、地面对轮胎的切向反作用力、车轴载荷、轮胎气压及其磨损程度等的影响,此外,车用里程表和速度表的精度也较低。为消除这些因素对测量精度的影响,在车辆旁边附加一个测量用的轮子,故称第五轮仪。第五轮是从动轮,行驶中无滑转,故能在平坦的路面上精确测量距离。

第五轮仪有两种类型:一种是机械式第五轮仪,它由传动机构、机械记录机构、时间信号发生器(机械式电时钟机构)等部分组成,有的还附带有踏板压力记录机构。机械式第五轮仪现在已经淘汰了。另一种是电子式第五轮仪,其核心元件是安装在第五轮轮轴上的脉冲信号发生器,有磁电式和光电式两种,目前常见的是磁电式脉冲信号发生器,它实际上是一个磁电式传感器。

②非接触式车速仪

第五轮仪因其结构上的限制,而不适用于 180 km/h 以上的高速测试。有时因打滑或轮胎气压等原因,从而使测试精度降低。非接触式车速仪采用光电相关滤波技术,是五轮仪换代产品。测试范围可达 1.5～250 km/h。其核心元件是 SF 系列空间滤波器,这是一种非常特殊的传感器,可从路面上的小石块、沙粒、柏油路面的各种粒子,或轮胎印在路面上的不规则纹路中,提取特定的反射斑纹(色斑、凸凹斑等)并作出空间(地面)反射信息处理。

③汽车综合测试仪

汽车综合测试仪是一种以微电脑为核心的智能化仪器,配以不同的传感器,可用于测定汽车、拖拉机、工程机械等车辆的动力性(如滑行性能,加速性能、最高车速,最小稳定车速等)、经济性(如等速油耗,加速油耗、多工况油耗、百公里油耗等)、制动性能、牵引性能等多种技术性能参数,并具有数据处理、显示、存储、打印等功能。

(2)台架试验检测动力性

在当今的汽车开发与质量检验中,很多道路试验项目已逐渐被试验室内台架试验所替代。台架试验与实车道路试验相比,有以下优点:a. 不受外界试验条件与环境条件的影响;b. 试验周期短;c. 节省人力;d. 精度高、效率快。另外,在对特异现象进行性能分析或测试带有危险性的实车临界特性时,室内试验更能发挥巨大作用。

室内的动力性试验主要是测定驱动力或驱动轮输出功率作为诊断参数。汽车驱动轮输出功率的检测又称底盘测功,通常在底盘测功试验台(又称转鼓试验台)上进行。其目的是评价汽车的动力性,同时对驱动轮输出功率与发动机输出功率进行对比,可求出传动效率以评价汽车底盘传动系的技术状况。试验时,用转鼓的表面来模拟路面,通过加载装置给转鼓轴施加负荷以模拟汽车在实际行驶时的阻力,再配以可调风速的供风系统提供汽车迎面行驶风,就可模拟道路试验。

1)底盘测功试验台的功能

汽车底盘测功试验台的基本功能为:

a. 测试汽车驱动轮输出功率。

b. 测试汽车的加速性能。

c. 测试汽车的滑行能力和传动系统的传动效率。

d. 检测校验车速表。

e. 辅以油耗计、废气分析仪等设备,还可以对汽车的燃油经济性和废气排放性能进行检测。

2)底盘测功试验台的结构与工作原理

底盘测功试验台,一般由滚筒装置、功率吸收装置(即加载装置)、测量装置、辅助装置4

部分组成。如图 5-5 所示为国产 DCG-10C 型汽车底盘测功试验台机械部分的结构示意图。该试验台是一种采用美国 Intel 公司生产的单片机作为系统的控制核心,适用于轴质量不大于 10 t、驱动车轮输出功率不大于 150 kW 车辆的检测。

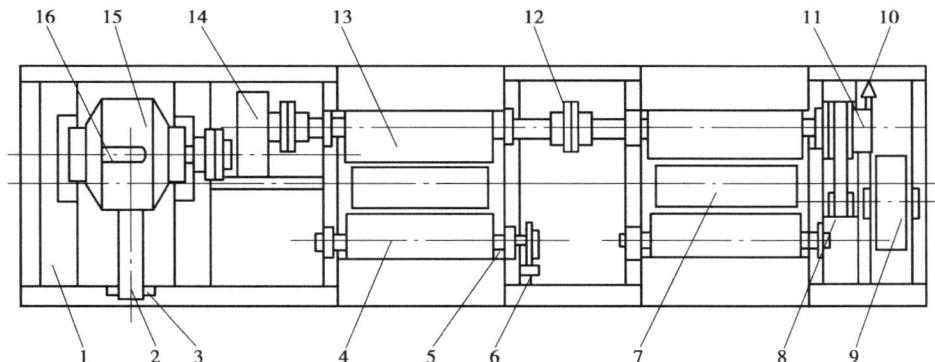

图 5-5　底盘测功试验台机械部分结构示意图
1—框架;2—测力杠杆;3—压力传感器;4—从动滚筒;5—轴承座;6—速度传感器;
7—举升装置;8—传动带轮;9—飞轮;10—电刷;11—离合器;12—联轴器;
13—主动滚筒;14—变速器;15—电涡流测功器;16—冷却水入口

①滚筒装置

滚筒相当于连续移动的路面,被检汽车的车轮在其上滚动,滚筒有单滚筒和双滚筒两种,如图 5-6 所示。双滚筒结构简单,安装使用方便,且成本较低,因而使用广泛。

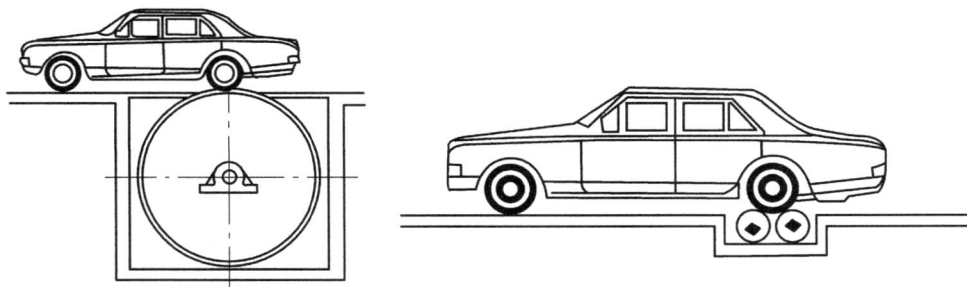

（a）单轮单滚筒式　　　　　　　　　　　　（b）双轮双滚筒式

图 5-6　滚筒式底盘测功试验台

滚筒表面形状不同,有光滚筒、滚花滚筒、带槽滚筒和带涂覆层滚筒多种形式。光滚筒目前应用最多,虽然附着系数较低,但车轮与光滚筒间的附着能力可以产生足够的牵引力。

②功率吸收装置（即加载装置）

功率吸收装置用来模拟车辆在道路上行驶所受的各种阻力。常用的功率吸收装置有水力测功器、直流电机电力测功器和电涡流测功器,目前多采用电涡流测功器。

③测量装置

测功器不能直接测出汽车驱动轮的输出功率值,它需要测出旋转运动时的转速与扭矩,或直线运动时的速度与牵引力,再换算成其功率值。所以,测功试验台必须配有测力装置与测速装置。

测力装置有机械式、液压式和电测式3种形式,目前应用较多的是电测式。电测式测力装置通过测力传感器,将力变成电信号,经处理后送到指示装置显示出来。

测速装置多为电测式,一般由速度传感器、中间处理装置和指示装置组成。速度传感器安装在从动滚筒一端,随滚筒一起转动,能把滚筒的转动变为电信号。

④功率指示装置

在微机控制的底盘测功试验台,测力传感器和速度传感器输出的电信号送入微机处理后,指示装置直接显示驱动轮的输出功率。

⑤控制装置

底盘测功试验台的控制装置和指示装置往往制成一体,形成柜式结构。如图5-7所示为国产 DCG-10C 型底盘测功试验台控制柜面板图,控制柜上的按键、显示窗、旋钮、功能灯、报警灯、指示灯等,用来控制试验过程,显示或打印试验结果。

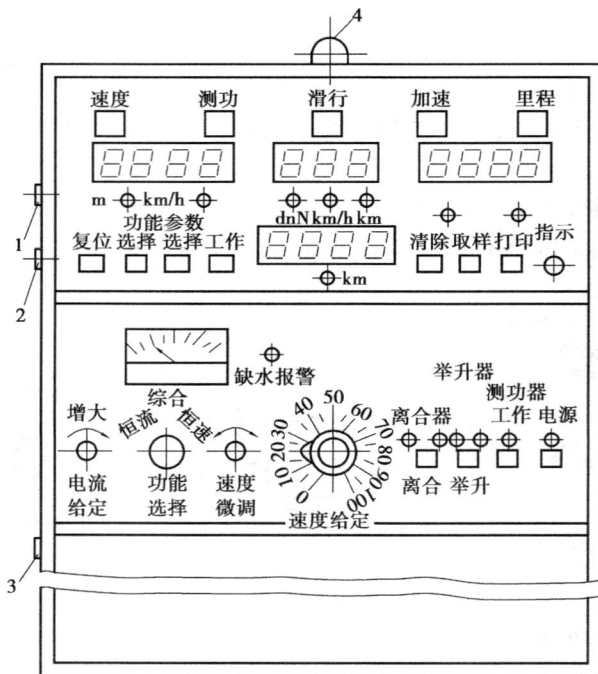

图5-7 控制柜面板图

1—取样盒插座;2—打印机数据线插座;3—打印机电源线插座;4—报警灯

(3)汽车驱动轮功率检测方法

不同型号的底盘测功试验台,其使用方法也有所区别,以下介绍的是一般的操作方法。

1)检测前的准备

①底盘测功试验台的准备

使用试验台之前,按厂家规定的项目对试验台进行检查、调整、润滑,在使用过程中,要注意仪表指针的回位、举升器工作的导线的接触情况。发现故障,及时清除。

②被检汽车的准备

汽车开上底盘测功试验台以前,调整发动机供油系及点火系至最佳工作状态;检查、调整、紧固和润滑传动系、车轮的连接情况;清洁轮胎,检查轮胎气压是否符合规定;必须运行走热汽车至正常工作温度。

2)检测方法

①检测点的选择

测功试验时,应选择几个有代表性的工况测试汽车驱动轮的输出功率或驱动力,如发动机额定功率所对应的车速(或转速),发动机最大转矩所对应的车速(或转速),汽车常用车速或经济车速,或根据交通管理部门的要求选择检测点。

②测功方法

a.接通试验台电源,并根据被检车辆驱动轮输出功率的大小,将功率指示表的转换开关置于低挡或高挡位置。

b.操纵手柄(或按钮),升起举升器的托板。

c.将被检汽车的驱动轮尽可能与滚筒成垂直状态地停放在试验台滚筒间的举升器托板上。

d.操纵手柄,降下举升器托板,直到轮胎与举升器托板完全脱离为止。

e.用三脚架抵住位于试验台滚筒之外的一对车轮的前方,以防止汽车在检测时从试验台滑出去,将冷却风扇置于被检汽车正前方,并接通电源。

f.检测发动机额定功率和最大转矩转速下的输出功率或驱动力时,将变速器挂入选定挡位,松开驻车制动,踩下加速踏板,同时调节测功器制动力矩对滚筒加载,使发动机在节气门全开情况下以额定转速运转。待发动机转速稳定后,读取并打印驱动车轮的输出功率(或驱动力)值、车速值。在节气门全开情况下继续对滚筒加载,至发动机转速降至最大转矩转速稳定运转时,读取并打印驱动力(或输出功率)值、车速值。

如需测出驱动车轮在变速器不同挡位下的输出功率或驱动力,则要依次挂入每一挡按上述方法进行检测。当发动机发出额定功率,挂直接挡,可测得驱动车轮的额定输出功率;当发动机发出最大转矩,挂 1 挡,可测得驱动车轮的最大驱动力。

发动机全负荷选定车速下输出功率或驱动力的检测,是在踩下加速踏板的同时调节测功器制动力矩对滚筒加载,使发动机在节气门全开情况下以选定的车速稳定运转进行的。发动机部分负荷选定车速下输出功率或驱动力的检测与此相同,只不过发动机是在选定的部分负荷下工作的。

当使用 DCG-10C 型汽车底盘测功试验台测功时,将"速度给定"旋钮(图 5-7)置于选定的速度刻线上,"功能选择"旋钮置于"恒速"上,在逐渐增大节气门到所需位置的同时,控制装置能自动调控激磁电流,使汽车在选定的车速下恒速测功。如果手动调控激磁电流,须将"功能选择"旋钮置于"恒流"上,然后手动旋转"电流给定"旋钮即可增大或减小激磁电流,并在旋钮给定位置上供给恒定的激磁电流。

g.全部检测结束,待驱动轮停止转动后,移开风扇,去掉车轮前的三脚架,操纵手柄举起举升器的托板,将被检汽车驶离试验台。

③注意事项

a.超过试验台允许轴重或轮重的车辆一律不准上试验台进行检测。

b.检测过程中,切勿拨弄举升器托板操纵手柄,车前方严禁站人,以确保检测安全。

c.检测额定功率和最大扭矩相应转速工况下的输出功率时,一定要开启冷却风扇并密切注意各种异响和发动机的冷却水温。

d.走合期间的新车和大修车不宜进行底盘测功。

e.试验台不检测期间,不准在上面停放车辆。

滚筒式底盘测功试验台,除能检测驱动车轮的输出功率或驱动力外还能检测车速表指示误差,行驶油耗量等。在测得驱动车轮输出功率后,立即踩下离合器踏板,利用试验台对汽车的反拖还可测得传动系消耗功率。将测得的同一转速下的驱动车轮输出功率与传动系消耗功率相加,就可求得这一转速下的发动机有效功率。

除上述测试项目外,凡需要汽车在运行中进行的检测与诊断项目,只要配备所需的检测设备,均可在滚筒式底盘测功试验台上进行。例如,检测各种行驶工况下的废气成分或烟度,检测点火提前角或供油提前角,诊断各总成或系统的噪声与异响(包括经验诊断法),观测汽油机点火波形或柴油机供油波形,检测各总成工作温度和各电气设备的工作情况等。

5.1.3 汽车燃料经济性检测

汽车的燃料经济性常用一定运行工况下汽车行驶百公里的燃料消耗量或一定燃料量能供汽车行驶的里程数来衡量。在我国及欧洲,燃料经济性指标的单位为百公里燃料消耗量(L/100 km)。为便于比较不同载重量汽车的燃料经济性,也可用每吨总重量行驶 100 km 所消耗的燃料升数来评价,即吨百公里燃料消耗量(L/100 km·t)。美国采用 MPG 或 mile/US-gal,指的是每加仑燃料能行驶的英里数。这个数值愈大,汽车燃料经济性愈好。

燃料消耗量道路试验包括不控制的道路试验、控制的道路试验和循环道路试验 3 种。

所谓不控制的道路试验是指对行驶道路、交通情况、驾驶习惯和周围环境等各方面因素都不加控制的道路试验方法。由于各种使用因素的随机变化,要获得分散度小的数据是很困难的。为此,必须用相当数量的汽车(几十辆以上)进行长距离(10 000~16 000 km)的试验,才能获得可以信赖的数据。所以,虽然这是一种非常接近实际情况的试验,但由于试验的费用巨大,时间很长,却是一种通常很少采用的试验方法。

测量燃料消耗时维持行驶道路、交通情况、驾驶习惯和周围环境等中的一个或几个因素不变的方法,称作"控制的路上试验"。例如我国海南试验场进行的、包含考察汽车各项使用性能指标在内的全国汽车质量检查试验中,规定了要测量在一般路面、恶劣路面和山区公路上的百公里油耗,试验规范中对试验路线作了较明确的规定,但对试验中的交通情况、驾驶员的习惯以及气温、风、雨等并无规定,这就是一种有控制的道路试验。国外汽车试验场地在自己的专用试验道路上也进行类似的燃料消耗试验。

路上的循环试验指的是汽车完全按规定的车速—时间规范进行试验。何时换挡、何时制动以及行车的速度、加速度,制动减速等都在规范中加以规定。

以下着重介绍控制的道路试验为乘用车(M1 类车辆和最大总质量小于 2 t N1 类车辆)和商用车(M2,M3 类车辆和最大总质量大于或等于 2 t 的 N 类车辆)的等速行驶燃料消耗量试验、商用车的多工况燃料消耗量试验的基本试验条件和试验方法(参照 GB/T 12545.2—2001 和 GB/T 12545.2—2001)。

(1)燃料消耗量道路试验

1)基本试验条件

试验前,应对试验的车辆进行磨合,乘用车至少应行驶 3 000 km;试验时,试验车辆必须进行预热行驶,使发动机、传动系及其他部分预热到规定的温度状态。轮胎充气压力应符合该车技术条件的规定,误差不超过 10 kPa(±0.1 kgf/cm²)。装载质量除有特殊规定外,乘用车试验质量为装备质量加上 180 kg,当车辆的 50% 载质量大于 180 kg 时,则车辆的试验质量为装备质量加上 50% 的装载质量;商用车试验质量为 M2,M3 类城市客车为装载质量的 65% ,其他车辆为满载,装载物应均匀分布且固定牢靠,试验过程中不得晃动和颠离;不应因潮湿、散失等条件变化而改变其质量,以保证装载质量的大小、分布不变。

试验车辆必须清洁,关闭车窗和驾驶室通风口,由恒温器控制的空气流必须处于正常调整状态,作各项燃料消耗量试验时,汽车发动机不得调整。

试验道路应为清洁、干燥、平坦的,用沥青或混凝土铺成的直线道路,道路长 2 ~ 3 km,而宽不小于 8 m,纵向坡度在 0.1% 以内。

试验应在无雨无雾,相对湿度小于 95% ,气温 0 ~ 40 ℃,风速不大于 3 m/s 的天气条件下进行。

车速测定仪器和燃料流量计的精度为 0.5% ;计时器最小读数为 0.1 s。

2)试验项目及规程

①乘用车 90 km/h 和 120 km/h 等速行驶燃料消耗量试验

A. 试验所用的挡位

如果车辆在最高挡(n)时的最大速度超过 130 km/h,则只能使用该挡位进行燃料消耗量的测定;如果在(n−1)挡的最大速度超过 130 km/h ,而 n 挡的最大速度仅为 120 km/h,则 120 km/h 的试验应在(n−1)挡进行,但制造厂可要求 120 km/h 的燃料消耗量在(n−1)挡和 n 挡同时测定。

为了确定在规定速度时的燃料消耗量,应至少在低于或等于规定速度时进行两次试验,并在至少等于或高于规定速度时进行另两次试验,但应满足下面规定的误差。

在每次试验行驶期间,速度误差为 ±2 km/h。每次试验的平均速度与试验规定速度之差不得超过 2 km/h。

B. 指定速度的燃料消耗量按规定的方法取得的试验数据用线性回归法来计算

在试验道路上的两个方向上进行试验时,应分别记录在每个方向上获得的值。为了使置信度达到 95% ,燃料消耗量的精度应达到 ±3% 。为了得到此精度,可增加试验次数。如果在平均速度等于指定速度 ±0.5 km/h 时测量燃料消耗量,可用获得的试验数据的平均值计算规定速度下的燃料消耗量。

C. 试验结果的校正

如果在等速试验时,当环境条件变化超过 2 ℃ 或 0.7 kPa 时,则在确定燃料消耗量和试验精度值之前采用下述给出的校正公式进行校正。

$$C_{校正} = K' \cdot C_{测量}$$

式中　$C_{校正}$——标准条件下的燃料消耗量,L/100 km;

　　　　$C_{测量}$——在试验环境条件下测量的燃料消耗量,L/100 km;

　　　　K'——校正系数。

$$K' = \frac{R_R}{R_T}[1 + K_R(t - t_0)] + \frac{R_{AERO}}{R_T} \cdot \left(\frac{\rho_0}{\rho}\right)$$

式中　R_R——试验速度下的滚动阻力;

　　　　R_{AERO}——试验速度下的空气动力阻力;

　　　　R_T——总行驶阻力 $= R_R + R_{AERO}$;

　　　　t——试验期间的环境温度,℃;

　　　　K_R——滚动阻力相对温度的校正系数,采用值为:3.6×10^{-3}/℃;

　　　　ρ——试验条件下的空气密度;

　　　　ρ_0——标准条件下的空气密度,$\rho_0 = 1.189$ kg/m^3。

②商用车等速燃料消耗量试验

试验测试路段长度为 500 m,汽车用常用挡位,等速行驶,通过 500 m 的测试路段,测量通过该路段的时间及燃料消耗量。

试验车速从 20 km/h(最小稳定车速高于 20 km/h 时,从 30 km/h 开始),以每隔 10 km/h 均匀选取车速,直至最高车速的 90%,至少测定 5 个试验车速,同一车速往返各进行两次。

以试验车速为横坐标,燃料消耗量为纵坐标,绘制等速燃料消耗量散点图,根据散点图绘制等速燃料消耗量的特性曲线。

③商用车多工况燃料消耗量试验

A. 试验方法

汽车运行工况可分为匀速、加速、减速和怠速等几种,实际运行时,往往是上述几种工况的组合,并以此决定了汽车的油耗。所以,各国根据不同车型车辆的常用工况,制订了不同的试验循环,既使得试验结果比较接近于实际情况,又可缩短试验周期。

多工况燃料消耗量试验的方法就是将不同车型的车辆严格依据各自的试验循环进行燃料消耗量测定。

汽车尽量用高挡进行试验,当高挡位达不到工况要求,超出规定偏差时,应降低一挡进行,当车辆进入可使用高挡行驶的等速行驶段和减速行驶段时,再换入高挡进行试验。换挡应迅速、平稳。

减速行驶中,应完全放松加速踏板,离合器仍结合。当试验车速降至 10 km/h 时,分离离合器,必要时,减速工况允许使用车辆的制动器。

试验车辆在多工况的终速度的偏差为 ±3 km/h,其他各工况速度偏差为 ±1.5 km/h。在各种行驶工况改变过程中允许车速的偏差大于规定值,但在任何条件下超过车速偏差的时间不大于 1 s,即时间偏差为 ±1 s。

每次循环试验后,应记录通过循环试验的燃料消耗量和通过的时间。当按各试验循环完成一次试验后,车辆应迅速调头,重复试验,试验往返各进行两次,取 4 次试验结果的算术平均值为多工况燃料消耗量试验的测定值。

B. 工况循环

a. 六工况循环如图 5-8 所示,具体说明见表 5-3,适用于城市客车及双层客车除外的车辆。

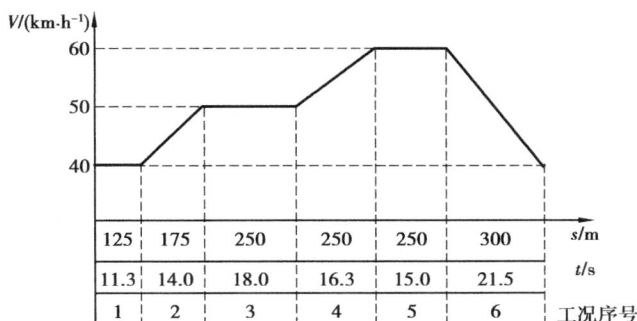

图 5-8　六工况循环(1.075 km)

表 5-3

工况序号	运行状态 /(km·h⁻¹)	行程 /m	累计行程 /m	时间 /s	加速度 /(m·s⁻²)
1	40	125	125	11.3	—
2	40~50	175	300	14.0	0.20
3	50	250	550	18.0	—
4	50~60	250	800	16.3	0.17
5	60	250	1 050	15.0	—
6	60~40	300	1 350	21.6	0.26

b. 四工况循环如图 5-9 所示,具体说明见表 5-4,适用于城市客车和双层客车(包括城市铰接客车)。

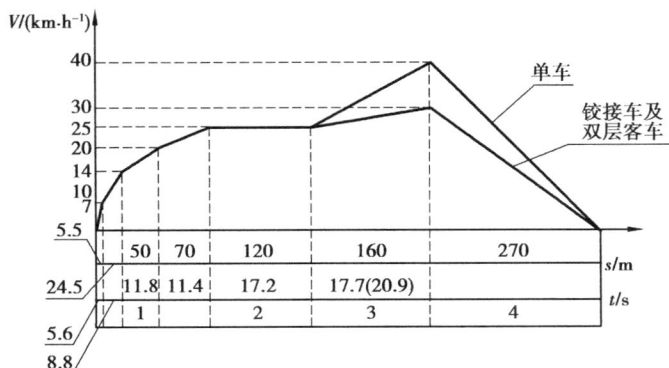

图 5-9　四工况循环(0.70 km)

59

表 5-4

工况序号	运转状态 /(km·h⁻¹)	行程 /m	累积行程 /m	时间 /s	变速器挡位及换挡车速/(km·h⁻¹)	
					挡位	换挡车速
1	0~25 换挡加速	5.5	5.5	5.6	Ⅱ~Ⅲ	6~8
		24.5	30	8.8	Ⅲ~Ⅳ	13~15
		50	80	11.8	Ⅳ~Ⅴ	19~21
		70	150	11.4	Ⅴ	
2	25	120	270	17.2	Ⅴ	
3	(30) 25~40	160	430	(20.9) 17.7	Ⅴ	
4	减速行驶	270	700		空挡	

注:1. 对于 5 挡以上变速器采用Ⅱ挡起步,按表中规定循环试验;对于 4 挡变速器Ⅰ挡起步,将Ⅳ挡代替表中Ⅴ挡,其他依次代替,则按表中规定试验循环进行。

2. 括号内数字适用于铰接式客车及双层客车

    商用车等速行驶燃料消耗量试验和多工况燃料消耗量试验的试验结果须经重复性检验。若等速行驶燃料消耗量试验和多工况燃料消耗量试验是严格按基本实验条件进行的,根据误差理论可认为试验是在等精度下进行的测量,测量结果符合正态概率分布规律,测量值的算术平均值最接近真值,试验的重复性可按第 95 百分位分布来判断。

    3)道路试验的主要仪器设备

    在燃料消耗量测定的试验中主要测量车速、距离、时间和燃料消耗量等参数,车速、距离和时间的测量仍然用五轮仪或非接触式车速仪。燃料消耗量的检测仪器为油耗仪,它可测量某一段时间间隔或某一里程内,流体通过管道的总体积或总重。为提高测量精度,在流量仪表前应有足够的直管段长度或加装流量整流器,以使仪表前的流速分布保持稳定。最后用综合测试仪处理出试验结果。

    由于实车道路试验的仪器布置和电源等问题,目前使用的流量计多半是活塞式的,它是容积式流量计的一种。

    传感器与二次仪表安装时,传感器串联在测量油路中,远离发动机热源,水平固定,流经传感器的燃油不准倒流,必要时应加单向阀,或在光电检测器中,增加回流流量的检测电路。

    (2)燃料消耗量台架试验

    1)台架试验

    ①概述

    在汽车底盘测功机(即转鼓试验台)上进行循环试验(测定油耗)是近年来新发展的试验方法,已日益受到广泛重视。所用底盘测功机能反映汽车行驶阻力与加速时的惯性阻力以模拟道路上的行驶工况。

    在室内底盘测功机上可以按照很复杂的循环进行试验。如图 5-10 所示是美国 UDDS 循环的速度—时间关系曲线,整个循环费时 23 min,行程 12 km。它是根据美国洛杉矶市的交通情况拟订的,包含了一系列不重复的加速、减速、怠速和接近于等速的行驶过程。经过研究,UDDS 循环确实能代表洛杉矶市中心的汽车运行状态,但比美国其他一些城市的平均速度要低些,怠速时间多一点。

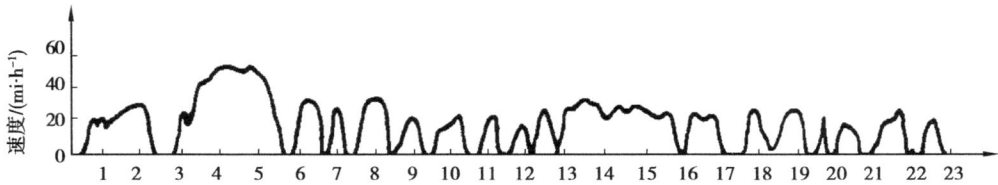

图 5-10 美国市内测功器行驶循环(UDDS)的速度-时间曲线

如图 5-11 所示,将汽车驱动轮置于底盘测功机的转鼓之上,驱动轮既可拖动转鼓又可进行反拖。如果将底盘测功机装在有空调设施的试验室内,则就不会有风和气温的变化,使行驶阻力保持一定,所以,试验具有良好的再现性。

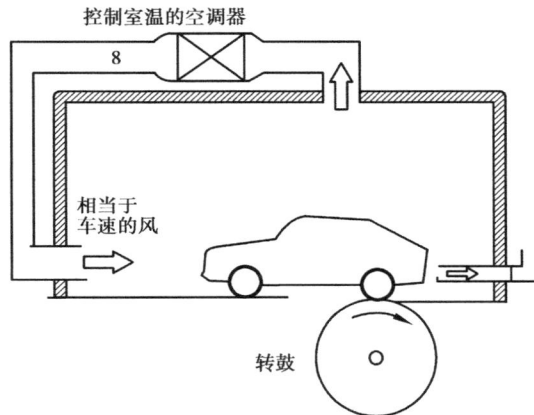

图 5-11 燃油消耗量台架试验示意图

A. 用底盘测功机测量油耗的优点

a. 在室内进行试验不受外界气候条件的限制,且油耗测量值重复性好。

b. 由于能控制试验条件,周围环境影响的修正系数可以减到最小。

c. 若能控制室温,可在不同气温条件下进行试验。

d. 由于室内便于控制行驶状况,能采用符合实际的复杂循环。

e. 可以同时进行燃料经济性与排气污染试验。

f. 能采用多种测量油耗的方法,如重量法、体积法与碳平衡法等。

B. 用底盘测功机测量油耗的缺点

a. 不易准确模拟路上的滚动阻力与空气阻力。

b. 室内冷却风扇产生的冷却气流与道路上行驶时的实际情况不一致。

c. 不易给出准确的惯性阻力。

可见,与其他方法相比,用测功器测量油耗优点较多。

②负荷设定方法

在底盘测功机上进行油耗试验时的负荷设定根据发动机的形式,可选择负荷法和滑行法。

负荷法一般适用于汽油车的负荷设定。汽车行驶阻力随车速的提高而增加,所以,一般节气门开度也要随之加大。在同一种速度下,如果汽车在底盘测功机上和在试车场跑道上的节气门开度是相同的话,则说明两者阻力是一样的。可利用其中之一原理确定底盘测功机的设定负荷。汽油车的节气门开度和负荷(进气管真空度)大致成正比,所以,可控制节气门开度,使测功机负荷与跑道负荷相同,即控制了测功机的制动力矩。

柴油车不能用负荷法试验,需采用滑行法确定设定负荷。当汽车从某一车速脱挡滑行时,由于汽车行驶阻力特性不同,速度变化所需时间也不一样,利用这一原理,便可使底盘测功机试验和跑道试验保持同样的减速时间,从而控制了底盘测功机的制动力矩。

2)乘用车模拟城市工况循环燃料消耗量台架试验方法

试验按标准(GB/T 12545.2—2001)的要求在底盘测功机上进行。

车辆试验质量:M1 类车辆的试验质量为整车整备质量加上 100 kg;N1 类车辆试验为整车整备质量加上 180 kg;当车辆的 50% 装载质量大于 180 kg 时,测试质量为整车整备质量加上 50% 的装载质量(包括测量仪器和人员的质量)。

燃料消耗量的测量值由两个连续的模拟城市工况循环所消耗的燃料量来决定。进行循环之前,应使发动机在规定条件下进行足够次数(至少进行 5 次循环)的模拟城市工况循环试验,直到温度稳定,特别应使机油温度稳定。发动机温度应保持在制造厂规定的正常工作范围内。如有必要,可采用附加冷却装置。

为了便于测量燃料消耗量,两个连续的模拟城市工况循环之间的间隔时间(怠速状态)不应超过 60 s。

试验结果:按模拟城市工况循环测量的燃料消耗量应等于按上述规定进行的 3 次连续测量的算术平均值。如果进行 3 次试验后的燃料消耗量极限值与平均值之差超过 5%,则按上述规定继续试验,直至获得至少 5% 的测量精度为止。

5.1.4　汽车侧滑的检测

汽车前轮定位参数是影响汽车操纵性和稳定性的重要因素。汽车如果没有正确的前轮定位,将引起转向沉重、操纵困难、增加驾驶员的劳动强度,同时,转向车轮在向前滚动时将会产生横向滑移现象,即车轮侧滑。因此,汽车转向轮定位值是汽车安全检测中的重点检测项目之一。

国家标准《机动车运行安全技术条件》(GB 7258—2004)和《营运车辆综合性能要求和检验方法》(GB 18565—2001),对汽车有关转向轮定位参数的检测作了如下一些规定:

a.机动车转向轮转向后应能自动回正,以使机动车具有稳定的直线行驶能力。

b.机动车前轮定位值应符合该车有关技术条件。

c.机动车转向轮的横向侧滑量,用侧滑仪检测时,其值不得超过 5 m/km。

汽车前轮定位参数的检测,有静态检测法和动态检测法两种。静态检测法是在汽车静止的状态下,用车轮定位仪对前轮定位值进行检测,已在学习情境 3 中讲述过。

动态检测法是使汽车以一定的行驶速度通过侧滑试验台,从而测量转向轮的横向侧滑量。侧滑量是指汽车直线行驶位移量为 1 km 时,转向轮的横向位移量。侧滑量的单位是:m/km。

汽车侧滑试验台是用以检测汽车前轮侧滑量的一种专门设备。而汽车前轮的侧滑量主要受转向轮外倾角及转向轮前束值的影响。所以,侧滑试验台就是为检测汽车转向轮外倾角与前束值这两个参数配合是否恰当而设计的一种专门的室内检测设备。

（1）汽车侧滑试验台的结构与工作原理

1）转向轮定位值引起的侧滑

经分析汽车转向轮的前束值与外倾角对其侧滑的影响比较大。

①转向轮前束引起的侧滑

转向轮有了前束后,在滚动过程中力图向内收拢,只是由于转向桥不可能缩短,因此,在实际滚动过程中才不至于真正向内滚拢。但由此而形成的这种内向力势必成为加剧轮胎磨损的隐患。

又假设让两个只有前束而没有外倾的转向轮向前驶过,如图5-12所示的滑动板,也可以看到左右转向轮下的滑动板在转向轮内向力的反作用力的推动下,出现如图5-12中虚线所示分别向外侧滑移的现象。其单边转向轮的外侧滑量 S_t 为

$$S_t = \frac{L' - L}{2}$$

②转向轮外倾角引起的侧滑

转向轮外倾角的存在,在滚动过程中车轮将力图向外张开,只是由于转向桥不可能伸长,因此,在实际滚动过程中才不至于真正向外滚开。但由此而形成的这种外张力势必成为加剧轮胎磨损等的隐患。

假设让两个只有外倾而没有前束的转向轮同时向前驶过两块相对于地面可以左右滑动的滑动板,就可以看到左右转向轮下的滑动板在转向轮外张力的作用力的推动下,出现如图5-13中虚线所示,将分别向内侧滑移。其单边转向轮的内侧滑量 S_c 为

$$S_c = \frac{L' - L}{2}$$

侧滑试验台就是应用上述滑板原理来检测出转向轮的侧滑量的。

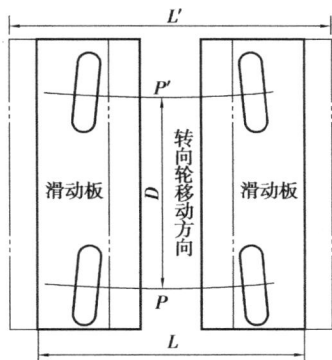

图5-12　由车轮前束引起滑动板的侧滑

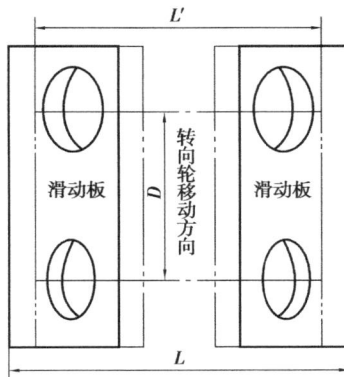

图5-13　由车轮外倾角引起滑板的侧滑

2）滑板式侧滑试验台的结构与工作原理

汽车侧滑检验设备按其测量参数可以分为两类:一类是测量车轮侧滑量的滑板式侧滑试

验台;另一类是测量车轮侧向力的滚筒式侧滑试验台。上述两种试验台都属于动态侧滑试验台。

滑板式侧滑试验台,按其结构又可分为单板式侧滑试验台和双板式侧滑试验台两种形式。前者只有一块侧滑板,检验时汽车只有一侧车轮从试验台上通过,后者共有左右两块侧滑板,检验时汽车左、右车轮同时从侧滑板上通过。它们一般均由测量装置、指示装置和报警装置等组成,下面主要介绍双板式侧滑试验台。

①测量装置

测量装置由框架、左右两块滑动板、杠杆机构、回位装置、滚轮装置、导向装置、锁止装置、位移传感器及信号传递装置等组成。该装置能把前轮侧滑量测出并传递给指示装置。

滑动板的下部装有滚轮装置和导向装置,两滑动板之间连接有曲柄机构、回位装置和锁止装置。在侧向力作用下,两滑动板只能在左右方向上作等量同向位移,在前后方向上不能位移。

按滑动板位移量传递给指示装置方式的不同,测量装置可分为机械式和电测式两种。机械式侧滑试验台,不便于远距离传输,近年来已很少使用。

电测式测量装置是把滑动板的位移量通过位移传感器变成电信号,再经过放大与处理而传输给指示装置的一种结构形式,可以借助于导线,将测量结果长距离传输,或与控制单元接通,处理十分方便。

②指示装置

指示装置有指针式和数字式。指针式指示装置如图 5-14 所示,指示装置能把测量装置传递来的滑动板侧滑量,按汽车每行驶 1 km 侧滑 1 m 定为一格刻度,所以每一格代表汽车每行驶 1 km 侧滑 1 m。根据指针偏向 IN 或 OUT 的方向确定出侧滑方向。IN 表示正前束,OUT 表示负前束。

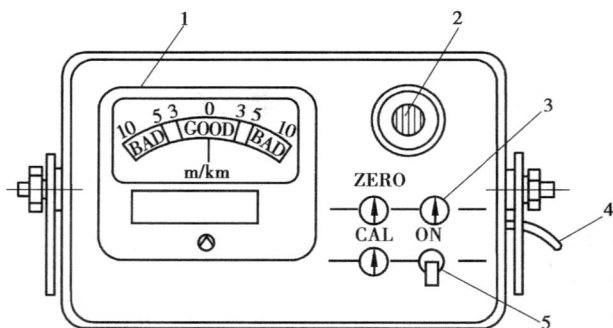

图 5-14 指针式指示装置

1—指针式表头;2—报警用蜂鸣器或信号灯;3—电源指示灯;4—导线;5—电源开关

近年来国内各厂家生产的侧滑试验台采用数字式指示装置,多以单片机进行数据采集和处理,因而具有操作方便、运行可靠、抗干扰性强等优点,同时还能对检测结果进行分析、判断、存储、打印和数字显示等功能。当滑动板侧滑时通过位移传感器转变成电信号,经过放大与信号处理后成为 0~5 V 的模拟量,再经 A/D 转变成数字量,输入微机运算处理,然后显示出检测结果或由打印机打印出检测结果。数字式指示装置如图 5-15 所示。

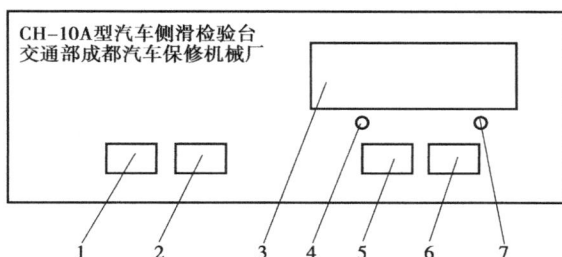

图 5-15　数字式指示装置

1—电源接通键；2—电源断开键；3—数码显示器；4—电源指示灯；
5—打印键；6—复位键；7—报警灯

（2）汽车侧滑的检测方法

侧滑试验台的型号、结构形式、允许轴重不同，其使用方法也有所区别。在使用前一定要认真阅读使用说明书，以掌握正确的使用方法。侧滑试验台的一般使用方法如下：

1）检测前的准备

①试验台的准备

a. 检查侧滑试验台导线连接情况，在导线连接良好的情况下打开电源开关，查看指针式仪表的指针是否在机械零点上，或查看数码管是否亮度正常并都在零位上，发现故障，及时清除。

b. 检查侧滑试验台上面及其周围的清洁情况，如有油污、泥土、沙石及水等应予清除。

c. 打开侧滑试验台的锁止装置，检查滑动板能否在外力作用下左右滑动自如，外力消失后回到原始位置，且指示装置指在零点。

d. 检查报警装置在规定值时能否发出报警信号，并视需要进行调整或修理。

②被检汽车的准备

a. 轮胎气压应符合规定。

b. 轮胎上粘有油污、泥土、水或花纹沟槽内嵌有石子时，应清理干净。

c. 轮胎花纹深度必须符合《机动车运行安全技术条件》（GB 7258—2004）的规定。

2）检测方法

a. 拔掉滑动板的锁止销钉，接通电源。

b. 汽车以 3 ~ 5 km/h 的速度垂直侧滑板驶向侧滑试验台，使前轮平稳通过滑动板。

c. 当前轮完全通过滑动板后，从指示装置上观察侧滑方向并读取、打印最大侧滑量。

d. 检测结束后，切断电源并锁止滑动板。

对于后轮有定位的汽车，仍可按上述方法检测后轴的侧滑量，从而诊断后轴的定位值是否失准。

5.1.5　汽车制动系的检测

（1）对汽车制动系的要求

汽车制动系统技术状况的变化直接影响汽车行驶的安全性。《机动车运行安全技术条件》（GB 7258—2004）对汽车的制动性能提出了严格的要求，部分内容如下：

①机动车必须设置行车制动、应急制动和驻车制动装置，应能保证汽车行车制动、应急制

动和驻车制动的其中一个或两个系统的操纵机构的任何部件失效时,仍具有应急制动功能。

②行车制动系的制动踏板自由行程应符合该车的有关技术条件。

③行车制动在产生最大制动作用时的踏板力,对于座位数小于或等于9的载客汽车应不大于500 N,对于其他车辆不大于700 N。驻车制动手操纵时,座位数小于或等于9的载客汽车应不大于400 N,其他车辆不大于600 N。脚操纵时座位数小于或等于9的载客汽车应不大于500 N,其他车辆不大于700 N。

④液压行车制动在达到规定的制动效能时,踏板行程不得超过踏板全行程的3/4,制动器装有自动调整间隙装置的车辆的踏板行程不得超过全行程的4/5。驻车制动的操纵装置一般应在操纵装置全行程的2/3以内产生规定的制动效能,驻车制动机构装有自动调节装置时允许在全行程的3/4以内达到规定的制动效能。

⑤采用气压制动的机动车当气压升至600 kPa且不使用制动的情况下,停止空气压缩机3 min后,其气压的降低值应不大于10 kPa。在气压为600 kPa的情况下,将制动踏板踩到底,待气压稳定后观察3 min,单车气压降低值不得超过20 kPa,列车气压降低值不得超过30 kPa。

⑥采用液压制动的机动车在保持踏板力为700 N达到1 min时,踏板不得有缓慢向地板移动的现象。

⑦气压制动系统必须装有限压装置,确保储气筒内气压不超过允许的最高气压。

⑧采用气压制动系统的机动车,发动机在75%的标定功率转速下,4 min(汽车列车为6 min,城市铰接公共汽车和无轨电车为8 min)内气压表的指示气压应从零开始升至起步气压(未标起步气压者,按400 kPa计)。

⑨汽车和无轨电车行车制动必须采用双管路或多管路,当部分管路失效时,剩余制动效能仍能保持原规定值的30%以上。

⑩机动车在运行过程中,不应有自行制动现象。当挂车与牵引车意外脱离后,挂车应能自行制动,牵引车的制动仍然有效。

为了保证汽车具有良好的制动性能,制动系统一般应达到:

a. 制动性能良好,即制动距离、制动力、制动减速度和制动协调时间应符合要求。

b. 制动稳定性良好,即制动不跑偏,不侧滑。用制动距离检验制动性能时,要求车辆的任何部位不能超过规定的试车道宽度;在制动试验台上进行性能检验时,左右轮制动力差符合规定的标准。

c. 操纵轻便,即操纵制动系统的力不能过大,应符合标准规定。

d. 工作可靠,即制动系统的零部件必须十分可靠,并保证在遇到特殊情况时能够有足够的应急制动性能。

(2)制动性能的检测

根据国家标准《机动车运行安全技术条件》(GB 7258—2004)的规定,机动车可以用制动距离、制动减速度和制动力检测制动性能,检测设备有五轮仪、制动减速度仪和制动试验台。

制动性能检测分台试法和路试法两种。用五轮仪和制动减速度仪检测汽车制动性能时,须在道路试验中进行,称路试法。台试法使用制动试验台进行检测。与路试法相比,台试法具有迅速、准确、经济、安全,不受自然条件的限制,以及试验重复性好和能定量地指示出各车轮的制动力等优点,因而在国内外获得了广泛应用。

1）制动试验台的结构与工作原理

①制动试验台的类型

制动试验台根据不同分类方法有多种类型,按试验台测量原理不同,可分为反力式和惯性式两类;按试验台支承车轮形式不同,可分为滚筒式和平板式两类;按试验台检测参数不同,可分为测制动力式、测制动距离式和多功能综合式3类;按试验台测量装置至指示装置传递信号方式不同,可分为机械、液压式和电气式3类;按试验台同时能测车轴数不同,又可分为单轴式、双轴式和多轴式3类。上述类型中,单轴测力式(测制动力)滚筒制动试验台获得了广泛应用。

②测力式滚筒制动试验台的组成

单轴测力式滚筒制动试验台的结构如图5-16所示。它由框架、驱动装置、滚筒装置、测量装置、举升装置和指示与控制装置等组成。

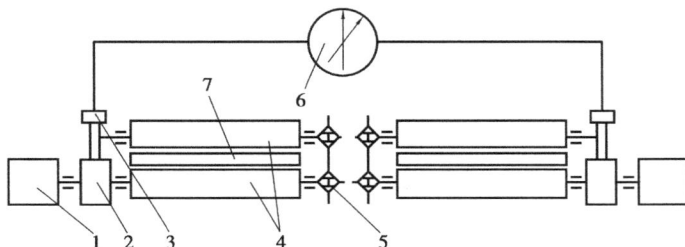

图 5-16　单轴测力式滚筒制动试验台
1—电动机;2—减速器;3—测量装置;4—滚筒装置;
5—链传动;6—指示与控制装置;7—举升装置

驱动装置由电动机、减速器和传动链条等组成。电动机的转动通过减速器内的蜗轮蜗杆传动和一对圆柱齿轮传动后传递给主动滚筒,主动滚筒又通过链传动把动力传递给从动滚筒。减速器与主动滚筒共用一轴,减速器壳体处于浮动状态。车轮制动时,该壳体能绕轴摆动,把制动力矩传给测力杠杆。

滚筒装置由4个滚筒组成,左右各一对独立设置,滚筒相当于一个活动路面,被测车轮置于两滚筒之间,用来支承被检车轮并在制动时承受和传递制动力。

测量装置主要由测力杠杆、测力传感器等组成。测力杠杆一端与传感器连接,另一端与减速器壳体连接,装在测力杠杆前端的测力传感器,有自整角电机式、电位计式、差动变压器式或电阻应变片式等多种类型,传感器能把测力杠杆的位移或力变成反映制动力大小的电信号,送入指示与控制装置。

为了便于汽车出入试验台,在两滚筒之间设有举升装置。举升装置一般由举升器、举升平板和控制开关等组成,举升器有气压式、液压式和电动式等形式。

指示装置有电子式与微机式之分。电子式的指示装置多配以指针式仪表,这种仪表有一轴单针式和一轴双针式两种类型,单针式只指示一个车轮的制动力,左右车轮需分别设置,双针式可同时指示左右轮制动力。微机式指示装置多配以数字式显示器。控制装置有手动式和微机自动式两种。

③制动试验台检测原理

将被检车左右车轮置于每对滚筒之间,用电动机通过减速器、链传动使主、从动滚筒带动车轮旋转,然后用力踩下制动踏板,车轮给滚筒一个与其转动方向相反的摩擦作用力矩,该力矩大小与滚筒对车轮的制动力矩相等,并驱动浮动的减速器壳体偏转,迫使连接在减速器壳体上的测力杠杆产生位移,通过测力传感器转换成反映制动力大小的电信号,由微机采集、处理后,指令电动机停转,并由指示装置指示或由打印机打印检测到的数值。

制动力的诊断参数标准是以轴制动力占轴荷的百分比为依据的,因此必须在测得轴荷及轴制动力后才能评价轴制动性能,所以,测力式滚筒制动试验台需要配备轴重计或轮重仪,有些制动试验台本身带有内置式轴重测量装置。另外,有些试验台在两滚筒之间装有直径较小的第三滚筒,其上带有转速传感器,其作用是一旦检测时车轮制动抱死,其上的转速传感器送出的电信号可使滚筒立即停转,防止轮胎剥伤。

2)制动试验台的检测方法

以测力式滚筒制动试验台介绍使用方法。

①将制动试验台指示与控制装置上的电源开关打开,按使用说明书的要求预热至规定时间。

②如果指示装置为指针式仪表,检查指针是否在零位,否则应调零。

③检查并清洁制动试验台滚筒上沾有泥、水、沙、石等杂物。

④核实汽车各轴轴荷,不得超过制动试验台允许载荷。

⑤检查并清除汽车轮胎沾有泥、水、沙、石等杂物。

⑥检查汽车轮胎气压是否符合规定,否则应充气至规定气压。

⑦升起制动试验台举升器。

⑧汽车被测车轴在轴重计或轮重仪上检测完轴荷后,应尽可能沿垂直于滚筒的方向驶入制动试验台。先前轴,再后轴,使车轮处于两滚筒之间。

⑨汽车停稳后变速杆置于空挡位置,行车制动器和驻车制动器处于完全放松状态,能测制动时间的试验台还应把脚踏开关套在制动踏板上。

⑩降下举升器,至举升器平板与轮胎完全脱离为止。

⑪如制动试验台带有内置式轴重测量装置,则应在此时测量轴荷。

⑫启动电动机,使滚筒带动车轮转动,先测出车轮阻滞力。

⑬用力踩下制动踏板,检测轴制动力。一般在 1.5~3.0 s 后或第三滚筒(如带有)发出信号后,制动试验台滚筒自动停转。

⑭读取并打印检测结果。

⑮升起举升器,驶出已测车轴,驶入下一车轴,按上述同样方法检测轴荷和制动力。

⑯当与驻车制动器相关的车轴在制动试验台上时,检测完行车制动性能后应重新启动电动机,在行车制动器完全放松的情况下,用力拉紧驻车制动器操纵杆,检测驻车制动性能。

⑰所有车轴的行车制动性能及驻车制动性能检测完毕后,升起举升器,汽车驶出制动试验台。

(3)汽车制动性能检测标准

国家标准《机动车运行安全技术条件》(GB 7258—2004)在检验制动性能参数标准中有以

下规定:

1)台式检测标准(制动力的诊断参数标准)

①行车制动性能检测

a.制动力。汽车、汽车列车在制动试验台上测出的制动力应符合表5-5的要求,对空载检测制动力有质疑时,可用表中规定的满载检验制动力要求进行检测。

表5-5 台式检测制动力要求

车辆类型	制动力总和与整车重量的百分比		轴制动力与轴荷的百分比	
	空 载	满 载	前 轴	后 轴
汽车、汽车列车、无轨电车和四轮农用运输车	≥60	≥50	≥60	

空载和满载状态下测试均应满足此要求。

b.制动力平衡要求。在制动力增长全过程中,左右轮制动力差与该轴左右轮中制动力大者之比对前轴应≤20%,对后轴应≤24%。

c.制动协调时间。制动协调时间是指在紧急制动时,从踏板开始动作至车轮制动力达到所规定的制动力的75%时所需时间。汽车单车制动协调时间应≤0.6 s,汽车列车制动协调时间应≤0.8 s。

d.车轮阻滞力。车轮阻滞力是指行车和驻车制动装置处于完全释放状态,变速器置空挡位置时,试验台驱动车轮所需的作用力。汽车各车轮的阻滞力不得大于该轴轴荷的5%。

②驻车制动性能检测

当采用制动试验台检查车辆驻车制动力时,车辆空载,乘坐1名驾驶员,使用驻车制动装置,驻车制动力的总和应不小于该车在测试状态下整车重量的20%;对总质量为整备质量1.2倍以下的汽车,此值应为15%。

2)路试检测标准(制动距离、制动减速度的诊断参数标准)

①行车制动性能检测

a.制动距离。车辆在规定的初速度下的制动距离和制动稳定性应符合表5-6的要求,对空载检测制动距离有质疑时,可用表中满载检测的制动性能要求进行检测。

表5-6 制动距离和制动稳定性要求

车辆类型	制动初速度/(km·h⁻¹)	满载检测的制动距离/m	空载检测的制动距离/m	制动稳定性要求车辆任何部位不得超出的试车道宽度/m
座位数≤9的载客汽车	50	≤20	≤19	2.5
总质量≤4.5t的汽车	50	≤22	≤21	2.5
其他汽车、汽车列车	30	≤10	≤9	3.0

69

对 3.5 t < 总质量 ≤4.5 t 的汽车,试车道宽度为 3 m。

b. 充分发出的平均减速度。汽车、汽车列车在规定的初速度下急踩制动时充分发出的平均减速度和制动稳定性应符合表 5-7 的要求。对空载检测制动性能有质疑时,可用表中满载检测的制动性能要求进行检测。

c. 制动协调时间。制动协调时间是指在急踩制动时,从踏板开始动作至车辆减速度达到表 5-7 规定的车辆充分发出的平均减速度的 75% 时所需的时间。单车制动协调时间应 ≤0.6 s,列车制动协调时间应 ≤0.8 s。

②驻车制动性能检验

在空载状态下,驻车制动装置应能保证车辆在坡度为 20%(总质量为整备质量的 1.2 倍以下的车辆为 15%)、轮胎与路面间的附着系数 ≥0.7 的坡道上正、反两个方向保持固定不动的时间应 ≥5 min。

表 5-7　制动减速度和制动稳定性要求

车辆类型	制动初速度 /(km·h⁻¹)	满载检验充分发出的平均减速度 /(m·s⁻²)	空载检验充分发出的平均减速度 /(m·s⁻²)	制动稳定性要求车辆任何部位不得超出的试车道宽度 /m
座位数 ≤9 的载客汽车	50	≥5.9	≥6.2	2.5
总质量 ≤4.5t 的汽车	50	≥5.4	≥5.8	2.5
其他汽车、汽车列车	30	≥5.0	≥5.4	3.0

对 3.5 t < 总质量 ≤4.5 t 的汽车,试车道宽度为 3 m。

5.1.6　车速表的检测

汽车行驶速度对交通安全有很大影响,尤其在限速路段,驾驶员必须按照车速表的指示值,准确地控制车速,为此,要求车速表本身一定要准确可靠。车速表经长期使用,由于驱动其工作的传动齿轮、软轴及车速表本身技术状况的变化以及因轮胎磨损使驱动车轮滚动半径的变化,车速表指示误差会愈来愈大。如果车速表的指示误差过大,驾驶员就难以正确控制车速,且极易因判断失误而造成交通事故。为确保车速表的指示精度,必须适时对车速表进行检测、校正。

(1)车速表试验台的结构与测量原理

1)车速表误差的测量原理

车速表误差的测量需采用滚筒式车速表试验台进行,将被测汽车车轮置于滚筒上旋转,模拟汽车在道路上的行驶状态。

测量时,由被测车轮驱动滚筒旋转或由滚筒驱动车轮旋转,滚筒端部装有速度传感器(测速发电机),测速发电机的转速随滚筒转速的增高而增加,而滚筒的转速与车速成正比,因此测速发电机发出的电压也与车速成正比。

滚筒的线速度、圆周长与转速之间的关系,可用下式表达:

$$V = nL \times 60 \times 10^{-6}$$

式中　V——滚筒的线速度，km/h；

　　　L——滚筒的圆周长，mm；

　　　n——滚筒的转速，r/min。

因车轮的线速度与滚筒的线速度相等，故上述的计算值即为汽车的实际车速值，由车速表试验台上的速度指示仪表显示，称为试验台指示值。

车轮在滚筒上转动的同时，汽车驾驶室内的车速表也在显示车速值，称为车速表指示值。将试验台指示值与车速表指示值相比较，即可得出车速表的指示误差。

$$车速表指示误差 = \frac{车速表指示值 - 试验台指示值}{试验台指示值} \times 100\%$$

2）车速表试验台的结构

车速表试验台有 3 种类型：无驱动装置的标准型，它依靠被测车轮带动滚筒旋转；有驱动装置的驱动型，它由电动机驱动滚筒旋转；把车速表试验台与制动试验台或底盘测功试验台组合在一起的综合型。

①标准型车速表试验台

该试验台由速度测量装置、速度指示装置和速度报警装置等组成，如图 5-17 所示。

速度测量装置主要由框架、滚筒装置、速度传感器和举升器等组成。滚筒一般为 4 个，通过滚筒轴承安装在框架上。在前、后滚筒之间设有举升器，以便汽车进出试验台，举升器与滚筒制动装置联动，举升器升起时，滚筒不会转动。速度传感器一般采用测速发电机式、差动变压器式、磁电式和光电式等多种，安装在滚筒的一端，将对应于滚筒转速发出的电信号送至速度指示装置。

速度指示装置是根据速度传感器发出的电信号大小来工作的。能把以滚筒圆周长与滚筒转速算出的线速度，以 km/h 为单位在速度指示仪表上显示车速。

速度报警装置是为在测量时，便于判明车速表误差是否在合格范围之内而设置的。

②驱动型车速表试验台

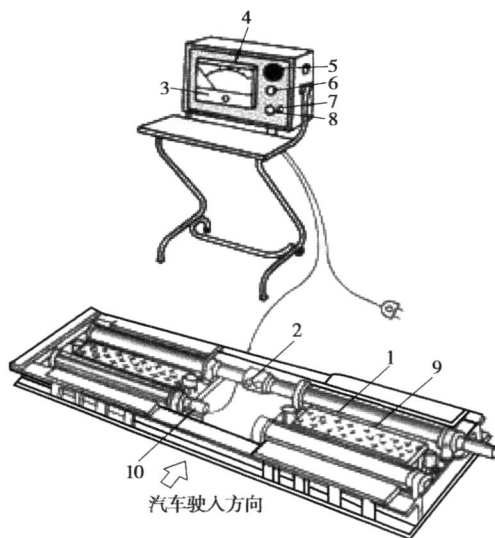

图 5-17　标准型车速表试验台
1—滚筒；2—联轴器；3—零点校正螺钉；
4—速度指示仪表；5—蜂鸣器；6—报警灯；
7—电源灯；8—电源开关；
9—举升器；10—速度传感器

汽车车速表的转速信号多数取自变速器或分动器的输出端，但对于后置发动机的汽车，如车速表软轴过长，会出现传动精度和寿命方面的问题，因此转速信号取自前轮。驱动型车速表试验台就是为适应后置发动机汽车的试验而制造的，其结构如图 5-18 所示。

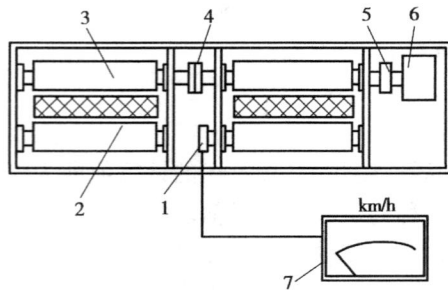

图 5-18　驱动型车速表试验台
1—测速发电机;2—举升器;3—滚筒;4—联轴器;
5—离合器;6—电动机;7—速度指示仪表

这种试验台在滚筒的一端装有电动机,由它来驱动滚筒旋转。此外,这种试验台在滚筒与电动机之间装有离合器,若试验时将离合器分离,又可作为标准型试验台使用。

(2)车速表的检测方法

车速表的检测方法因试验台的牌号、型号而异,应根据使用说明书进行操作。车速表试验台通用的检测方法如下:

1)车速表试验台的准备

①在滚筒处于静止状态检查指示仪表是否在零点上,否则应调零。

②检查滚筒上是否沾有油、水、泥、沙等杂物,应清除干净。

③检查举升器的升降动作是否自如。若动作阻滞或有漏气部位,应予修理。

④检查导线的连接接触情况,若有接触不良或断路,应予修理或更换。

2)被测车辆的准备

①轮胎气压在标准值。

②清除轮胎上的水、油、泥和嵌夹石子。

3)检测方法

①接通试验台电源。

②升起滚筒间的举升器。

③将被检车辆开上试验台,使输出车速信号的车轮尽可能与滚筒成垂直状态地停放在试验台上。

④降下滚筒间的举升器,至轮胎与举升器托板完全脱离为止。

⑤用挡块抵住位于试验台滚筒之外的一对车轮,防止汽车在测试时滑出试验台。

⑥使用标准型试验台时应作如下操作:

a. 待汽车的驱动轮在滚筒上稳定后,挂入最高挡,松开驻车制动器,踩下加速踏板使驱动轮带动滚筒平稳地加速运转。

b. 当汽车车速表的指示值达到规定检测车速(40 km/h)时,读出试验台速度指示仪表的指示值;或当试验台速度指示仪表的指示值达到检测车速时,读取车速表的指示值。

⑦使用驱动型试验台时应作如下操作:

a. 接合试验台离合器,使滚筒与电动机连在一起。

b. 将汽车的变速器挂入空挡,松开驻车制动器,启动电动机,使电动机驱动滚筒旋转。

c. 当汽车车速表的指示值达到检测车速时,读取试验台速度指示仪表的指示值;或当试验台速度指示仪表达到检测车速时,读取汽车车速表的指示值。

⑧测试结束后,轻轻踩下汽车制动踏板,使滚筒停止转动。对于驱动型试验台,必须先关断电动机电源,再踩制动踏板。

⑨升起举升器,去掉挡块,汽车驶离试验台。

(3)车速表诊断参数标准及结果分析

1)车速表检测标准

国家强制性标准《机动车运行安全技术条件》(GB 7258—2004)中规定:车速表允许误差范围为 -5% ~ +20%。即当实际车速为 40 km/h 时,汽车车速表指示值应为 38 ~ 48 km/h。超出上述范围车速表的指示为不合格。

2)检测结果分析

车速表经检测出现误差,其主要原因是由于长期使用过程中车速表本身出现了故障、损坏和轮胎磨损。

车速表内有转动的活动盘、转轴、轴承、齿轮、游丝等零件和磁性元件,这些构件在工作过程中产生的磨损和性能变化会造成车速表的指示误差。对于产生磨损的应予更换。磁力式车速表的磁铁磁力退化,也会引起指针指示值失准,应更换磁铁进行修复。

汽车轮胎在使用过程中由于磨损,其半径逐渐减小。在变速器输出轴转速不变的条件下,汽车行驶速度因轮胎半径的变化而变化,而车速表的软轴是与变速器输出轴相连的,因此车速表指示值与实际车速形成误差。

为消除车速表机件磨损和轮胎磨损形成的指示误差,应借助于车速表试验台适时地对车速表进行检验。

5.1.7　汽车排气的检测

随着汽车工业的发展和汽车保有量急剧增加,汽车排放的污染物是一致公认的城市大气主要污染公害之一,已成为严重的社会问题。因此,检测并控制汽车排气污染物的浓度,已成为汽车检测中重要的检测项目。

(1)汽车排气污染物的主要成分及其危害

1)汽车排气污染物的主要成分

汽车排气的污染物,主要是一氧化碳(CO)、碳氢化合物(HC)、氮氧化合物(NO_x)、硫化物(主要是 SO_2)、碳烟及其他一些有害物质。如果燃用含铅汽油,排气中的污染物还包含铅化合物。汽车排气污染物中,CO,HC,NO_x 和碳烟主要来源于汽车尾气的排放,少部分来自曲轴箱窜气,其中,部分 HC 还来自于油箱和整个供油系的蒸发与滴漏。

在相同工况下,汽油机排放的 CO,HC 和 NO_x 排放量比柴油机大,因此,目前的排放法规对汽油机主要限制 CO,HC 和 NO_x 的排放量。柴油机对大气的污染较汽油机轻得多,主要是产生碳烟污染,因此排放法规主要限制柴油机排气的烟度。

2)汽车排气污染物的危害

汽车排出的各种物质中,对人类形成危害的有 CO,HC,NO_x,碳烟和硫化物等。

①CO是燃料不完全燃烧的产物,是汽车尾气中浓度最大的有害成分,是一种无色无味的有毒气体,它进入人体后极易与血液中担负输运氧气的血红蛋白结合,妨碍血红蛋白的输氧能力,造成人体各部分缺氧,引起头痛、头晕、呕吐等中毒症状,严重时甚至死亡。

②HC是发动机未燃尽的燃料分解出来的产物。当HC浓度较高时,使人出现头晕、恶心等中毒症状。而且,HC和NO_x在强烈的太阳光作用下,能反应生成一种有害的光化学烟雾,这种光化学烟雾滞留在大气中,造成大气严重污染,对人的眼睛、呼吸道及皮肤均有强烈的刺激性。

③NO_x是汽油机和柴油机排放的主要污染物,是发动机大负荷工作时进气中的N_2与O_2在高温高压条件下反应而生成的。NO_x主要是NO和NO_2。NO与血液中血红蛋白的亲和力比CO还强,通过呼吸道及肺进入血液,使其失去输氧能力,产生与CO相似的中毒后果。NO_2侵入肺脏深处的肺毛细血管,引起肺水肿,同时还能刺激眼、鼻黏膜,麻痹嗅觉。

④碳烟以柴油机排放量为最多,它是柴油机燃烧不完全的产物,其内含有大量的黑色碳颗粒。碳烟能影响道路的能见度,并因含有少量的带有特殊臭味的乙醛,往往引起人们恶心和头晕。

⑤硫化物主要为SO_2,燃料中含有的硫与氧反应而生成。SO_2有强烈的气味,可刺激人的咽喉与眼睛,甚至会使人中毒。若大气中含SO_2过多,还会形成"酸雨",损害生物,使土壤与水源酸化,影响自然界的生态平衡。

(2)汽油车排气污染物的标准及检测

1)汽油车排气污染物的检验标准

我国于1979年颁布了环境保护法,1984年实施了汽车污染物排放标准和测量方法的国家标准。其后,又相继制定了几项国家排放标准,并于1993年对上述排放标准进行了修订,从严规范了诊断参数限值和测量方法。

《汽车排放污染物限值及测试方法》(GB 14761—1999)采用了联合国欧洲经济委员会(ECE)1995年7月2日生效的ECER83/02《按发动机对燃料的要求类别就污染排放物对车辆认证的规则》的全部技术内容,采用了国际通用的试验方法,在控制力度上达到了欧洲20世纪90年代初的水平。

《在用汽车排气污染物限值及测试方法》(GB 18285—2000),是我国在用汽车排气污染物限值及测试方法的最新国家标准。该国家标准中的加速模拟工况试验限值及试验方法,是参照美国国家环保局标准EPA-AA-RSPD-IM-96-2《加速模拟工况试验规程、排放标准、质量控制要求及设备技术要求技术导则》(1996年7月)制定的,使我国治理在用汽车排气污染走上了更为严格的道路。

《在用汽车排气污染物限值及测试方法》(GB 18285—2000)中规定,装配点燃式发动机的车辆,在检测中要进行怠速试验、双怠速试验和加速模拟工况(ASM)试验。又规定,按《汽车排放污染物限值及测试方法》(GB 14761—1999)通过B类认证(燃用优质无铅汽油的车辆)、设计乘员数不超过6人且最大总质量不超过2 500 kg的M1类车辆和按该标准通过B类认证、设计乘员数超过6人,或最大总质量超过2 500 kg但不超过3 500 kg的M类车辆和N1类车辆,进行双怠速试验或加速模拟工况(ASM)试验;除上述规定以外的其他M、N类装配点燃式发动机的车辆进行怠速试验。

《在用汽车排气污染物限值及测试方法》(GB 18285—2000)中规定,怠速试验按《汽油车排气污染物的测量怠速法》(GB/T 3845—1993)的规定进行,双怠速试验按《汽油车排气污染物的测量怠速法》(GB/T 3845—1993)附录C的规定进行。

按照《在用汽车排气污染物限值及测试方法》(GB 18285—2000)的规定,对于装配点燃式四冲程发动机,最大总质量大于或等于 400 kg,最大设计车速大于或等于 50 km/h 的在用汽车,排放污染物限值如下:

①装配点燃式发动机的车辆进行双怠速试验排气污染物限值见表5-8所示。从表中可以看出,高怠速排放测量值应低于怠速排放测量值。

表 5-8　装配点燃式发动机的车辆双怠速试验排气污染物限值

车辆类型	怠　速		高怠速	
	CO/%	HC/10⁻⁶①	CO/%	HC/10⁻⁶①
2001 年 1 月 1 日以后上牌照的 M1②类汽车	0.8	150	0.3	100
2001 年 1 月 1 日以后上牌照的 N1③类汽车	1.0	200	0.5	150

注:①HC 容积浓度按正己烷当量。
　　②Ml 指车辆设计乘员数(含驾驶员)不超过 6 人,且车辆的最大总质量不超过 2 500 kg。
　　③N1 还包括设计乘员数(含驾驶员)超过 6 人,或车辆的最大总质量超过 2 500 kg 但不超过 3 500 kg M 车。

②装配点燃式发动机的车辆怠速试验排气污染物限值见表5-9所示。

表 5-9　装配点燃式发动机的车辆怠速试验排气污染物限值

车辆类型	轻型车		重型车	
	CO/%	HC/10⁻⁶①	CO/%	HC/10⁻⁶①
1995 年 7 月 1 日以前生产的在用汽车	4.5	1 200	5.0	2 000
1995 年 7 月 1 日起生产的在用汽车	4.5	900	4.5	1 200

注:①HC 容积浓度按正己烷当量。

2)汽油车排气污染物的检测方法
①怠速试验法(引用怠速试验按《汽油车排气污染物的测量怠速法》(GB/T 3845—1993))
发动机由怠速工况加速至 0.7 额定转速,维持 60 s 后降至怠速状态;再以怠速转速运转 15 s 后开始读数,在 30 s 内读取最大值和最小值(或读取 3 次数据),取平均值。
②双怠速试验法(引用《汽油车排气污染物的测量怠速法》(GB/T 3845—1993)附录 C)
发动机由怠速工况加速至 0.7 额定转速,维持 60 s 后降至高怠速(即 0.5 额定转速);稳定后开始读数,在 30 s 内读取最大值和最小值(或读取 3 次数据),取平均值,紧接着,将发动机从高怠速降至怠速,在怠速状态维持 15 s 后开始读数,在 30 s 内读取最大值和最小值,平均

值即为其怠速排放的结果。

③加速模拟工况（ASM）试验法（附录 A（GB 18285—2000））

试验由 ASM5025 和 ASM2540 两个工况试验组成。

A. ASM5025

a. 预热发动机。

b. 车辆加速至 25 km/h。

c. 底盘测功机以加速度 1.475 m/s 的输出功率的 50% 作为设定功率对车辆加载。

d. 车辆以（25 ± 0.5）km/h 的速度持续运转 10 s 后开始测试。

e. 测试时间为 90 s。

B. ASM2540

a. ASM5025 工况结束后，车辆立即加速至 40 km/h。

b. 底盘测功机以车辆速度 40 km/h，加速度为 1.475 km/s 时的输出功率的 25% 作为设定功率对车辆加载。

c. 车辆以（40 ± 1.5）km/h 的速度持续运转 10 s 后开始测试。

d. 测试时间为 90 s。

3）汽油车排气污染物的检测

《汽油车排气污染物的测量怠速法》（GB/T 3845—1993）规定汽油车排气污染物检测时，应采用不分光红外线分析仪（NDIR），并对检测工况和检测程序进行了具体规定。

①基本检测原理

汽车排气中的 CO，HC，NO 和 CO_2 等气体，对红外线分别具有吸收一定波长的性质，而且红外线被吸收的程度与废气浓度之间有一定的关系，如图 5-19 所示。不分光红外线分析法就是根据这一原理，即废气吸收一定波长红外线能量的变化，来检测废气中各种污染物的含量。在各种气体混在一起的情况下，这种检测方法具有测量值不受影响的特点。

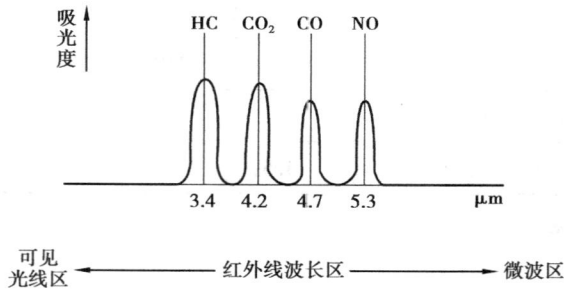

图 5-19　4 种气体吸收红外线的情况

利用不分光红外线分析法制成的分析仪，既可以制成单独检测 CO 或 HC 含量的单项分析仪，也可以制成能测量这两种气体含量的综合分析仪。排气中 CO 的浓度是直接测量的，而排气中 HC 的成分非常复杂，因此要把各种 HC 成分的浓度换算成正己烷（n-C6H14）的浓度后再作为 HC 浓度的测量值。

②不分光红外线气体分析仪的结构与工作原理

不分光红外线气体分析仪，是一种能够从汽车排气管中采集气样，并对其中所含 CO 和

HC 的浓度进行连续测量的仪器。如图 5-20 所示为分析仪的外形图。它由废气取样装置、废气分析装置、废气浓度指示装置和校准装置等组成。

a.废气取样装置由取样探头、滤清器、导管、水分离器和泵等组成。它通过取样探头、导管和泵从车辆排气管里采集废气,再用滤清器和水分离器把废气中的碳渣、灰尘和水分等除掉,只把废气送入分析装置。

b.按传感器形式不同,废气分析装置可分为电容微音器式和半导体式等不同形式。废气分析装置由红外线光源、气样室、旋转扇轮（截光器）、测量室和传感器等组成。该装置按照不分光红外线分析法,从来自取样装置的混有多种成分的废气中,测量出 CO 和 HC 的浓度,并以电信号形式输送给废气浓度指示装置。

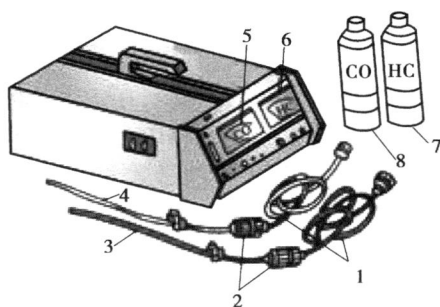

图 5-20　不分光红外线气体分析仪
1—导管;2—滤清器;3—低浓度取样探头;
4—高浓度取样探头;5—CO 指示仪表;
6—HC 指示仪表;7—标准 HC 气样瓶;
8—标准 CO 气样瓶

c.综合式气体分析仪的浓度指示装置,主要由 CO 指示装置和 HC 指示装置组成,有指针式仪表和数字式显示器两种类型。从废气分析装置送来的电信号,在 CO 指示仪表上 CO 的浓度以体积百分数（%）表示;在 HC 指示仪表上 HC 浓度以正己烷当量体积的百万分数（10^{-6}）表示。

指针式气体分析仪如图 5-21 所示,可利用零点调整旋钮、标准调整旋钮和读数挡位转换开关等进行控制。此外,还可以通过气流通道一端设计的流量计,得知废气通道滤清器是否脏污等异常情况。

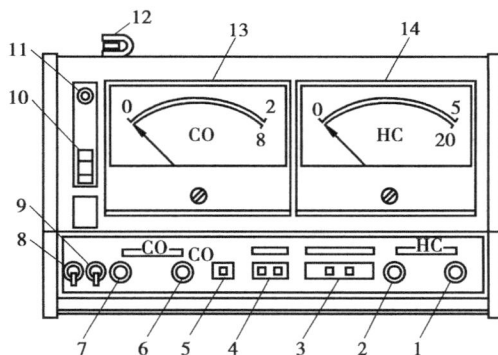

图 5-21　不分光红外线气体分析仪面板图
1—HC 标准调整旋钮;2—HC 零点调整旋钮;3—HC 读数转换开关;
4—CO 读数转换开关;5—简易校准开关;6—CO 标准调整开关;
7—CO 零点调整开关;8—电源开关;9—泵开关;10—流量计;
11—电源指示灯;12—标准气样注入口;13—CO 指示仪表;14—HC 指示仪表

d.校准装置是一种为了保持分析仪的指示精度,使之能准确指示测量值的装置。在此装置中,往往既设有用加入标准气样进行校准的装置,也设有用机械方式简易校准的装置。

标准气样校准装置是把分析仪生产厂附带来的供校准用的标准气样（CO 和 HC），从分析仪上专设的标准气样注入口直接送到废气分析装置，再通过比较标准气样浓度值和仪表指示值的方法来进行校准的一种装置。

简易校准装置通常是用遮光板把废气分析装置中通过测量气样室的红外线遮挡住一部分，用减少一定量红外线能量的方法进行简单校准的装置。

③汽油车污染物的检测方法

按照《汽油车排气污染物的测量怠速法》（GB/T 3845—1993）的规定，汽油车怠速污染物的检测应在怠速工况下，采用不分光红外线气体分析仪，按规定程序检测 CO 和 HC 的浓度值。双怠速试验按《汽油车排气污染物的测量怠速法》（GB/T 3845—1993）附录 C 的规定进行。

怠速工况是指发动机运转；离合器处于接合位置；油门踏板与手油门处于松开位置；变速器处于空挡位置；采用化油器的供油系统，其阻风门处于全开位置。

A. 仪器准备

a. 按仪器使用说明书的要求做好各项检查工作。

b. 接通电源，对气体分析仪预热 30 min 以上。

c. 用标准气样校准仪器，先让气体分析仪吸入清洁空气，用零点调整旋钮把仪表指针调整到零点，然后把标准气样从标准气样注入口注入，再用标准调整旋钮把仪表指针调到标准指示值。注意：在灌注标准气样时，要关掉气体分析仪上的泵开关。

CO 校准的标准值就是标准气样瓶上标明的 CO 浓度值；HC 校准的标准值，由于是用丙烷作为标准气样，因而要按下式求出正己烷的换算值作为校准的标准值：校准的标准值（即正己烷换算值）=标准气样（丙烷）浓度×换算系数，其中，标准气样（丙烷）浓度即标准气样瓶上标明的浓度值；换算系数是气体分析仪的给出值，一般为 0.472 ~ 0.578。

用简易装置校准仪器，先接通简易校准开关，对于有校准位置刻度线的仪器，可用标准调整旋钮将仪表指针调整到正对标准刻度线位置。对于没有标准刻度线的仪器，要在标准气样校准后立即进行简易校准，使仪表指针与标准气样校准后的指示值重合。

d. 把取样探头和取样导管安装到气体分析仪上，此时如果仪表指针超过零点，则表明导管内壁吸附有较多的 HC，需要用压缩空气或布条等清洁取样探头和导管。

B. 受检车辆或发动机的准备

a. 进气系统应装有空气滤清器，排气系统应装有排气消声器，并不得有泄漏。

b. 汽油应符合国家标准的规定。

c. 测量时发动机冷却水和润滑油温度应达到汽车使用说明书所规定的热状态。

C. 怠速测量程序

a. 必要时在发动机上安装转速计、点火定时仪、冷却水和润滑油测温计等测试仪器。

b. 发动机由怠速工况加速至 0.7 额定转速，维持 60 s 后降至怠速状态。

c. 发动机降至怠速状态后，将取样探头插入排气管中，深度等于 400 mm，并固定于排气管上。

d. 先把指示仪表的读数转换开关打到最高量程挡位，再一边观看指示仪表，一边用读数转换开关选择适于排气含量的量程挡位。发动机在怠速状态维持 15 s 后开始读数，读取 30 s 内的最高值和最低值，其平均值即为测量结果。

e. 若为多排气管时，取各排气管测量结果的算术平均值。

f. 测量工作结束后,把取样探头从排气管里抽出来,让它吸入新鲜空气 5 min,待仪器指针回到零点后再关闭电源。

D. 双怠速测量程序

a. 必要时在发动机上安装转速计、点火定时仪、冷却水和润滑油测温计等测试仪器。

b. 发动机由怠速工况加速至 0.7 额定转速,维持 60 s 后降至高怠速(即 0.5 额定转速)。

c. 发动机降至高怠速状态后,将取样探头插入排气管中,深度等于 400 mm,并固定于排气管上。

d. 先把指示仪表的读数转换开关打到最高量程挡位,再一边观看指示仪表,一边用读数转换开关选择适于排气含量的量程挡位。发动机在高怠速状态维持 15 s 后开始读数,读取 30 s 内的最高值和最低值,取平均值即为高怠速排放测量结果。

e. 发动机从高怠速状态降至怠速状态,在怠速状态维持 15 s 后开始读数,读取 30 s 内的最高值和最低值,其平均值即为怠速排放测量结果。

f. 若为多排气管时,分别取各排气管高怠速排放测量结果的算术平均值和怠速排放测量结果的算术平均值。

g. 测量工作结束后,把取样探头从排气管里抽出来,让它吸入新鲜空气 5 min,待仪器指针回到零点后再关闭电源。

(3)柴油车排气污染物的标准及检测

1)柴油车排气污染物的检验标准

柴油车排出的烟色有黑烟、蓝烟和白烟 3 种。其中,以柴油机在全负荷和加速工况时排出的黑色碳烟最为常见。黑烟的发暗程度用排气烟度表示,排气烟度用烟度计检测。烟度计可分为滤纸式、透光式、重量式等多种形式。

根据《在用汽车排气污染物限值及测试方法》(GB 18285—2000)的规定,对于装配压燃式发动机的车辆,按照《汽车排放污染物限值及测试方法》(GB 14761—1999)通过 C 类认证的车辆进行自由加速排气可见污染物试验,除通过 C 类认证以外的其他装配压燃式发动机的车辆进行自由加速烟度试验。标准中又规定,自由加速排气可见污染物试验按《在用汽车排气污染物限值及测试方法》(GB 18285—2000)附录 B 进行,自由加速烟度试验按《柴油车自由加速烟度的测量滤纸烟度法》(GB/T 3846—1993)规定进行。

《在用汽车排气污染物限值及测试方法》(GB 18285—2000)规定,对于装配压燃式发动机,最大总质量大于或等于 400 kg,最大设计车速大于或等于 50 km/h 的在用汽车,自由加速试验烟度排放限值如表 5-10 所示。

表 5-10　装配压燃式发动机的车辆自由加速试验烟度排放限值

车辆类型	烟度值/Rb
1995 年 7 月 1 日以前生产的在用汽车	4.7
1995 年 7 月 1 日起生产的在用汽车	4.0

2)柴油车排气污染物的检测

《柴油车自由加速烟度的测量滤纸烟度法》(GB/T 3846—1993)规定柴油车排气烟度检测

时,应采用滤纸式烟度计,并对检测工况和测量程序进行了具体规定。

①基本检测原理

滤纸式烟度计的测量原理是用一个活塞式抽气泵,从柴油机排气管中抽取一定容积的废气,使它通过一张一定面积的白色滤纸,废气中的碳烟存留在滤纸上,使其染黑。用检测装置测定滤纸的染黑度,再由指示装置指示出来。该染黑度即代表柴油车的排气烟度。

②滤纸式烟度计的结构与工作原理

滤纸式烟度计是应用最广的烟度计之一,有手动、半自动和全自动3种形式。其结构都是由废气取样装置、染黑度检测与指示装置和控制装置等组成,如图5-22所示。

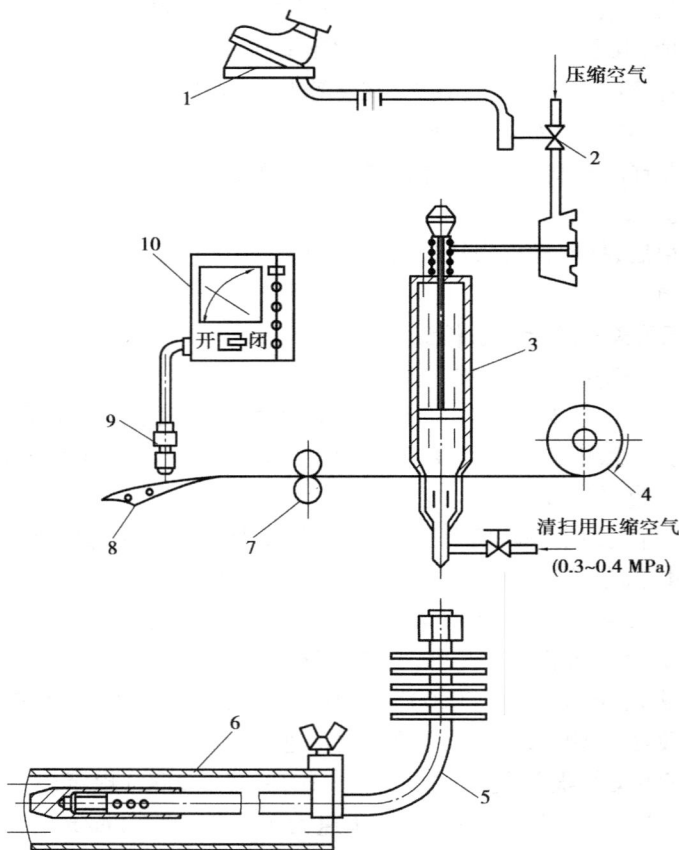

图5-22 滤纸式烟度计结构简图

1—脚踏开关;2—电磁阀;3—抽气泵;4—滤纸卷;5—取样探头;6—排气管;
7—进给机构;8—染黑的滤纸;9—光电传感器;10—指示仪表

a. 废气取样装置:由取样探头、活塞式抽气泵和取样软管等组成。

取样探头分台架试验用和整车试验用两种形式。整车试验用取样探头带有散热片,其上装有夹具以便固定在排气管上。取样探头在活塞式抽气泵的作用下抽取废气,其结构形状应能保证在取样时不受排气动压的影响。

活塞式抽气泵由活塞泵、手柄、回位弹簧、锁止装置、电磁阀和滤纸夹持机构等组成。取样前,手动或自动压下抽气泵手柄,直至克服回位弹簧的张力使活塞到达最下端,并由锁止机构锁紧。当需要取样时,踩下脚踏开关或按下"手动抽气"按钮,可操纵电磁阀使压缩空气解除锁止机构对活塞的锁紧作用,活塞在回位弹簧张力作用下上升到顶端,完成取样过程。

滤纸夹持机构在取样时实现对滤纸的夹紧和密封,使取样过程中的排气经滤纸进入泵筒内,碳烟存留在滤纸上并将其染黑,并能保证滤纸的有效工作面直径为 $\phi32$ mm。取样完成后,滤纸夹持机构松开,染黑的滤纸由进给机构送至染黑度检测装置。

取样软管把取样探头和活塞式抽气泵连接在一起,由于泵的抽气量与软管的容积有关,国标规定,取样软管长度为 5.0 m,内径为 $\phi5 \sim$ 0.2 mm,取样系统局部内径不得小于 $\phi4$ mm。

b. 染黑度检测与指示装置:由光电传感器、指示仪表或数字式显示器、滤纸和标准烟样等组成。光电传感器由光源(白炽灯泡)、光电元件(环形硒光电池)等组成。其工作原理如图 5-23 所示。电源接通后白炽灯泡发亮,其光亮通过带有中心孔的环形硒光电池照射到滤纸上,当滤纸的染黑度不同时,反射给环形硒光电池感光面的光线强度也不同,因而环形硒光电池产生的光电流强度也就不同。

指示电表是一块微安表,是滤纸染黑度亦即排气烟度的指示装置。当环形硒光电池送来的

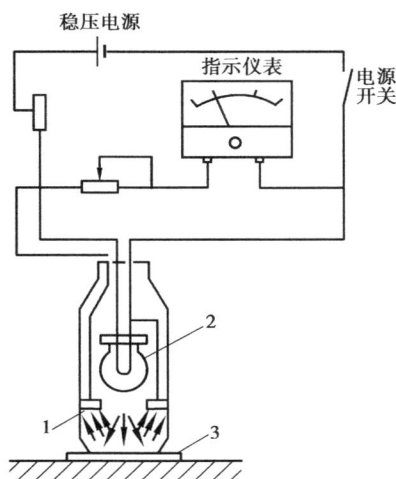

图 5-23 污染度指示装置原理图
1—光电元件;2—电灯泡;3—滤纸

光电流强度不同时,指示仪表指针的位置也不同。指示表头以 Rb0 ~ Rb10 表示。其中,0 是全白滤纸的 Rb 单位,10 是全黑滤纸的 Rb 单位,从 0 ~ 10 均匀分布。

检测装置一般都备有供标定或校准用的标准烟样和符合规定的滤纸。标准烟样也称为烟度卡,应在烟度计上标定,精确度为 0.5%。当标准烟样用于标定烟度计时,按量程均匀分布不得少于 6 张;当用于校准烟度计时,每台烟度计 3 张,标定值选在 Rb5 左右。当烟度计指示仪表需要校准时,只要把标准烟样放在光电传感器下,用调节旋钮把指示电表的指针调整到标准烟样所代表的染黑度数值即可达到目的。这可使指示仪表保持指示精度,以得出准确的测量结果。烟度计必须定期标定,要求在有效期内使用。

滤纸有带状和圆片状两种。带状滤纸在进给机构的作用下能实现连续传送,适用于半自动式和全自动式烟度计。圆片状滤纸,仅适用于手动式烟度计。

c. 控制装置包括用脚操纵的抽气泵电磁脚踏开关、滤纸进给机构和压缩空气清洗机构等。压缩空气清洗机构能在废气取样前,用压缩空气清洗取样头和取样软管内的残留废气碳粒。

③柴油车自由加速烟度的检测方法

《柴油车自由加速烟度的测量滤纸烟度法》(GB/T 3846—1993)规定,柴油车自由加速烟度的检测应在自由加速工况下,采用滤纸式烟度计,按测量规程进行。

自由加速工况是指,柴油发动机于怠速工况(发动机运转,离合器处于接合位置,油门踏板与手油门处于松开位置,变速器处于空挡位置,具有排气制动装置的发动机,踩形阀处于全

开位置），将油门踏板迅速踏到底，维持 4 s 后松开。

A. 仪器准备

a. 通电前，检查指示仪表指针是否在机械零点上，否则用零点调整螺钉使指针与"10"的刻度重合。

b. 接通电源，仪器进行预热。打开测量开关，在检测装置上垫 10 张全白滤纸，调节粗调及微调电位器，使表头指针与"0"的刻度重合。

c. 在 10 张全白滤纸上放上标准烟样，并对准检测装置，仪表指针应指在标准烟样的染黑度数值上，否则应进行调节。

d. 检查取样装置和控制装置中各部机件的工作情况，特别要检查脚踏开关与活塞抽气泵动作是否同步。

e. 检查控制用压缩空气和清洗用压缩空气的压力是否符合要求。

f. 检查滤纸进给机构的工作情况是否正常。检查滤纸是否合格，应洁白无污。

B. 受检车辆准备

a. 进气系统应装有空气滤清器，排气系统应装有消声器并且不得有泄漏。

b. 柴油应符合国家规定，不得使用燃油添加剂。

c. 测量时发动机的冷却水和润滑油温度应达到汽车使用说明书所规定的热状态。

d. 自 1975 年 7 月 1 日起新生产柴油车用的柴油机，应保证启动加浓装置在非启动工况不再起作用。

C. 测量程序

a. 用压力为 0.3 ~ 0.4 MPa 的压缩空气清洗取样管路。

b. 把抽气泵置于待抽气位置，将洁白的滤纸置于待取样位置，将滤纸夹紧。

c. 将取样探头固定于排气管内，插入深度等于 300 mm，并使其轴线与排气管轴线平行。

d. 将脚踏开关引入汽车驾驶室内，但暂不固定在油门踏板上。

e. 按照自由加速工况的规定加速 3 次，以清除排气系统中的积存物。然后，把脚踏开关固定在油门踏板上，进行实测。

f. 测量取样，按照自由加速工况的规定和图 5-24 所示自由加速烟度测量规程，将油门踏板与脚踏开关一并迅速踩到底，持续 4 s 后立刻松开，维持怠速运转，循环测量 4 次，取后 3 个

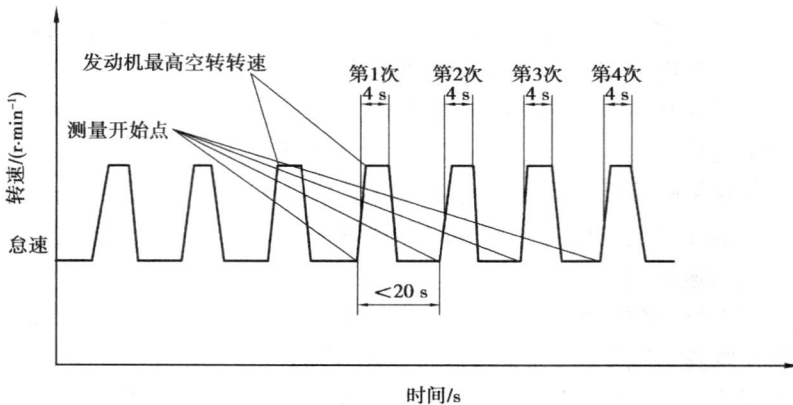

图 5-24 自由加速烟度测量规程

循环烟度读数的算术平均值作为所测烟度值。

g. 当汽车发动机出现黑烟冒出排气管的时间与抽气泵开始抽气的时间不同步现象时,应取最大烟度值作为所测烟度值。

h. 在被染黑的滤纸上记下试验序号、试验工况和试验日期等,以便保存。

i. 检测结束,及时关闭电源和气源。

5.1.8 汽车前照灯的检测

汽车前照灯检测是汽车安全性能检测的重要项目。前照灯诊断的主要参数是发光强度和光束照射位置。当发光强度不足或光束照射位置偏斜时,会造成夜间行车驾驶员视线不清,或使迎面来车的驾驶员眩目,将极大地影响行车安全。所以,应定期对前照灯的发光强度和光束照射位置进行检测、校正。前照灯的技术状况,可用屏幕法和前照灯校正仪检测。

(1)前照灯光束照射位置标准及屏幕检测法

1)前照灯光束照射位置的检验标准

根据《机动车运行安全技术条件》(GB 7258—2004)的规定,汽车前照灯的检验指标为光束照射位置的偏移值和发光强度(cd)。前照灯光束照射位置应符合以下要求:

①机动车(运输用拖拉机除外)在检验前照灯的近光光束照射位置时,前照灯在距离屏幕10 m 处,光束明暗截止线转角或中点的高度应为 $0.6 \sim 0.8H$(H 为前照灯基准中心高度),其水平方向位置向左向右偏移均不得超过 100 mm。

②四灯制前照灯其远光单光束灯的调整,在屏幕上光束中心离地高度为 $0.85 \sim 0.90H$,水平位置左灯向左偏移不得大于 100 mm,向右偏移不得大于 170 mm;右灯向左或向右偏移均不得大于 170 mm。

③机动车装用远光和近光双光束灯时以调整近光光束为主。对于只能调整远光单光束的灯,调整远光单光束。

2)屏幕法检测前照灯光束照射位置

①检测的准备

《机动车运行安全技术条件》(GB 7258—2004)规定,用屏幕法检测前照灯光束照射位置时,检查用场地应平整,屏幕与场地应平直,被检验的车辆应在空载、轮胎气压正常、乘坐 1 名驾驶员的条件下进行。将车辆停置于屏幕前,并与屏幕垂直,使前照灯基准中心距屏幕10 m,在屏幕上确定与前照灯基准中心离地面距离 H 等高的水平基准线及以车辆纵向中心平面在屏幕上的投影线为基准确定的左右前照灯基准中心位置线。分别测量左右远近光束的水平或垂直照射方位的偏移值,如图 5-25 所示。

屏幕上画有 3 条垂直线和 3 条水平线:

中间垂直线 $V—V$ 与被检车辆的纵向中心垂直面对齐。

两侧的垂直线 $V_L—V_L$ 和 $V_R—V_R$ 分别为被检车辆左右前照灯基准中心的垂直线。

水平线中的 $h—h$ 线与被检车辆前照灯的基准中心等高,距地面高度为 H;H 为被检车辆前照灯基准中心距地面的高度,其值视被检车型而定。

中间水平线与被检车辆前照灯远光光束的中心等高,距地面高度为 H_1,$H_1 = 0.85 \sim 0.90H$。

下侧水平线与被检车辆前照灯近光光束的中心等高,距地面高度为 H_2,$H_2 = 0.60 \sim 0.80H$。

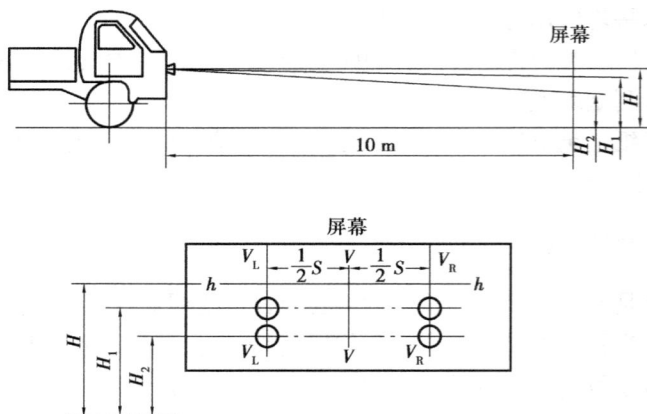

图 5-25 屏幕法检测前照灯光束照射位置

②检测方法

检测时,先遮盖住一边的前照灯,然后打开前照灯的近光开关,未被遮盖的前照灯的近光明暗截止线转角或光束中心应落在图 5-25 中下边水平线与 V_L—V_L 或 V_R—V_R 线的交点位置上,否则为光束照射位置偏斜。其偏斜方向和偏斜量可在屏幕上直接测量。用同样方法,检测另一边前照灯近光光束照射位置。

根据检测标准,检测调整前照灯光束的照射位置时,对远、近双光束灯应以检测调整近光光束为主。对于远光单光束前照灯,则要检测远光光束的照射位置。其光束中心应落在中间水平线与 V_L—V_L 或 V_R—V_R 线的交点位置上。

用屏幕法检测前照灯简单易行,但只能检测出光束的照射位置,不能检测发光强度。为适应不同车型的检测,需经常更换屏幕,检测效率低,同时,需要占用较大场地。因此目前广泛采用前照灯校正仪对汽车前照灯进行检测。

(2)前照灯发光强度标准及仪器检测方法

1)前照灯发光强度的检验标准

《机动车运行安全技术条件》(GB 7258—2004)规定,机动车每只前照灯的远光光束发光强度应达到表 5-11 的要求。测试时,其电源系统应处于充电状态。

表 5-11 前照灯远光光束发光强度要求/cd

检查项目车辆类型	新注册车		在用车	
	两灯制	四灯制①	两灯制	四灯制①
汽车、无轨电车	15 000	12 000	12 000	10 000
四轮农用运输车	10 000	8 000	8 000	6 000

注:①采用四灯制的机动车其中两只对称的灯达到两灯制的要求时视为合格。

2)前照灯校正仪检测发光强度和光轴偏斜量

前照灯校正仪是按一定测量距离放在被检车辆的对面,用来检测前照灯发光强度与光轴偏斜量的专用设备。光轴偏斜量表示光束照射位置。

①前照灯校正仪的检测原理

前照灯校正仪的类型很多,但基本检测原理类似,一般均采用能把吸收的光能变成电流的光电池作为传感器,按照前照灯主光束照射光电池产生电流的大小和比例,来测量前照灯发光强度和光轴偏斜量。

A.发光强度的检测原理

测量前照灯发光强度的电路由光度计、可变电阻和光电池等组成,如图 5-26 所示。按规定的距离使前照灯照射光电池,光电池便按受光强度的大小产生相应的光电流使光度计指针摆动,指示出前照灯的发光强度。

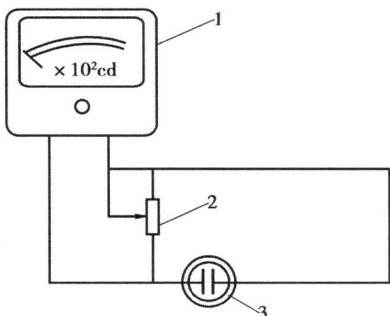

图 5-26　发光强度的检测原理图
1—光度计;2—可变电阻;3—光电池

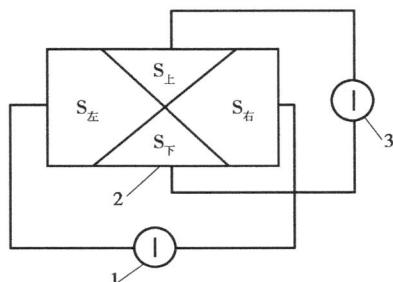

图 5-27　光轴偏斜量检测原理图
1—左右偏斜指示计;2—光电池;3—上下偏斜指示计

B.光轴偏斜量的检测原理

测量前照灯光轴偏斜量的电路如图 5-27 所示,由两对光电池组成,左右一对光电池 S 左 S 右上接有左右偏斜指示计,用于检测光束中心的左右偏斜量;上下一对光电池 S 上 S 下上接有上下偏斜指示计,用于检测光束中心的上下偏斜量。当光电池受到前照灯光束照射时,如果光束照射方向偏斜,将分别使光电池的受光面不一致,因而产生的电流大小也不一致。光电池产生的电流差值分别使上下偏斜指示计及左右偏斜指示计的指针摆动,从而检测出光轴的偏斜方向和偏斜量。

如图 5-28 所示为光轴无偏斜时的情况,这时上下偏斜指示计的指针和左右偏斜指示计的指针均垂直向下,即处于零位。如图 5-29 所示为光轴有偏斜时的情况,这时上下偏斜指示计的指针向"下"方向偏斜,左右偏斜指示计的指针向"左"方向偏斜。

若通过适当的调节机构,调整光线照射光电池的位置,使 S 左 S 右和 S 上 S 下每对光电池受到的光照度相同,此时每对光电池输出的电流相等,两偏斜指示计的指针均指向零位,其调节量反映了光束中心的偏斜量。当偏斜指示计指针处于零位时,光电池受到的光照最强,4 块光电池

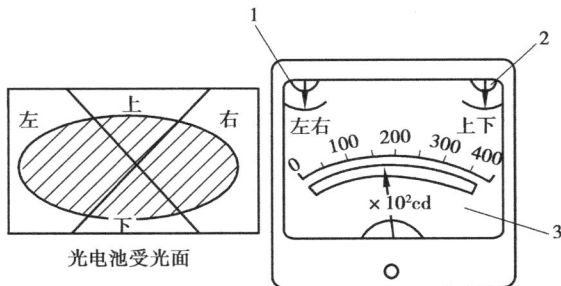

图 5-28　光轴无偏斜时的情况
1—左右偏斜指示计;
2—上下偏斜指示计;3—光度计

85

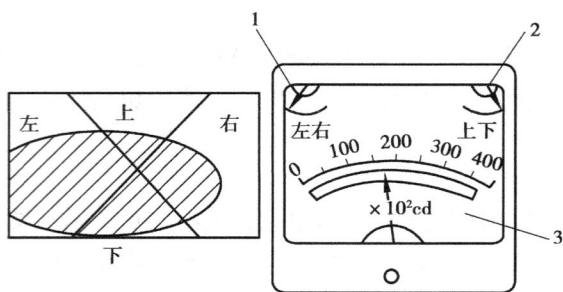

图 5-29　光轴有偏斜时的情况
1—左右偏斜指示计；
2—上下偏斜指示计；3—光度计

所输出电流之和表明了前照灯的发光强度。

②前照灯校正仪的结构和工作原理

按照前照灯校正仪的结构特征与测量方法不同，常用汽车前照灯校正仪可分为聚光式、屏幕式、投影式和自动追踪光轴式 4 种类型。这些不同类型的前照灯校正仪均由接受前照灯光束的受光器、使受光器与汽车前照灯对正的照准装置、前照灯发光强度指示装置、光轴偏斜方向和偏斜量指示装置及支柱、底板、导轨、汽车摆正找准装置等组成。

A. 聚光式前照灯检测仪

聚光式前照灯检测仪利用受光器的聚光透镜把前照灯的散射光束聚合起来，并导引到光电池的光照面上，根据其对光电池的照射强度，来检测前照灯的发光强度和光轴偏斜量。检测时，检测仪放在距前照灯前方 1 m 处。

B. 屏幕式前照灯检测仪

屏幕式前照灯检测仪在固定屏幕上装有可以左右移动的活动屏幕，在活动屏幕上装有能上下移动的内部带有光电池的受光器。前照灯的光束照射到屏幕上，检测发光强度和光轴偏斜量。通常测试距离为 3 m。

C. 投影式前照灯检测仪

投影式前照灯检测仪采用把前照灯光束的影像映射到投影屏上，来检测发光强度和光轴偏斜量。检测时，测试距离一般为 3 m。其构造如图 5-30 所示。

在聚光透镜的上下和左右方向装有 4 个光电池。前照灯光束的影像通过聚光透镜、光度计的光电池和反射镜后，映射到投影屏上。检测时，通过上下、左右移动受光器使光轴偏斜指示计指示为零，从而找到被测前照灯主光轴的方向，然后根据投影屏上前照灯光束影像的位置，即可得出主光轴的偏斜量，同时可从光度计的指示中读取发光强度。

根据投影式前照灯检测仪光轴偏斜量的检测方法不同，有投影屏刻度检测法和光

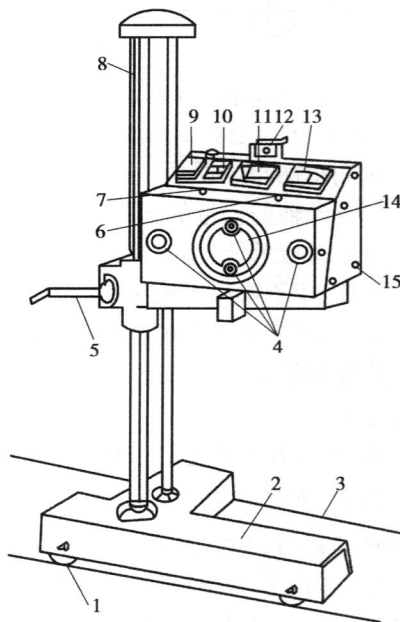

图 5-30　投影式前照灯检测仪
1—车轮；2—底座；3—导轨；4—光电池；
5—上下移动手柄；6—上下光轴刻度盘；
7—左右光轴刻度盘；8—支柱；
9—左右偏斜指示计；10—上下偏斜指示计；
11—投影屏；12—汽车摆正找准器；
13—光度计；14—聚光透镜；15—受光器

轴刻度盘检测法。

投影屏刻度检测法是在投影屏上刻有表示光轴偏斜量的刻度线,根据前照灯影像中心在投影屏上所处的位置,即可直接读出光轴的偏斜量。

光轴刻度盘检测法是转动上下与左右光轴刻度盘,使前照灯光束影像中心与投影屏坐标原点重合,然后从光轴刻度盘上读取光轴偏斜量。

D. 自动追踪光轴式前照灯检测仪

自动追踪光轴式前照灯检测仪采用受光器自动追踪光轴的方法检测前照灯发光强度和光轴偏斜量。一般检测距离为3m。其构造如图5-31所示。

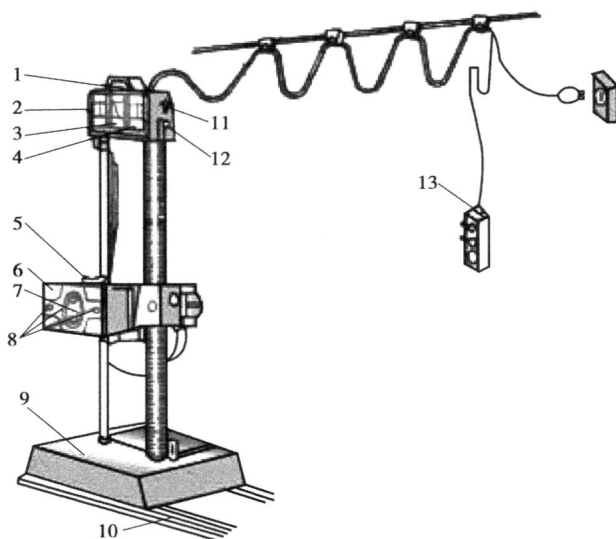

图5-31　自动追踪光轴式前照灯检测仪

1—在用显示器;2—左右偏斜指示计;3—光度计;4—上下偏斜指示计;
5—车辆摆正找准器;6—受光器;7—聚光透镜;8—光电池;9—控制箱;
10—导轨;11—电源开关;12—熔丝;13—控制盒

检测时,前照灯的光束照射到检测仪的受光器上。此时,若前照灯光束照射方向偏斜,则主、副受光器的上下光电池或左右光电池的受光量不等,由其电流的差值控制受光器上下移动的电动机运转,或使控制箱左右移动的电动机运转,并通过传动机构牵动受光器上下移动或驱动控制箱在轨道上左右移动,直至受光器上下、左右光电池受光量相等为止。在追踪光轴时,受光器的位移方向和位移量由光轴偏斜指示计指示,此即前照灯光束的偏斜方向和偏斜量、发光强度由光度计指示。

③前照灯发光强度和光轴偏斜量的检测方法

A. 检测前的准备

a. 前照灯检测仪的准备　在不受光的情况下,调整光度计和光轴偏斜量指示计是否对准机械零点。若指针失准,可用零点调整螺钉调整。

检查聚光透镜和反射镜的镜面上有无污物。若有,可用柔软的布料或镜头纸擦拭干净。

检查水准器的技术状况。若水准器无气泡,应进行修理或更换。若气泡不在红线框内时,可用水准器调节器或垫片进行调整。

检查导轨是否沾有泥土等杂物。若有,应扫除干净。

b. 被检车辆的准备　清除前照灯上的污垢。轮胎气压应符合汽车制造厂的规定。前照灯开关和变光器应处于良好状态。汽车蓄电池和充电系统应处于良好状态。

B. 检测方法

由于前照灯检测仪的厂牌、形式不同,其检测发光强度和光轴偏斜量的具体方法也不尽相同。这里仅就投影式和自动追踪光轴式前照灯检测仪的检测方法作一介绍。

a. 投影式前照灯检测仪的检测方法

将被检汽车尽可能地与前照灯检测仪的轨道保持垂直方向驶近检测仪,使前照灯与检测仪受光器相距 3 m。

用汽车摆正找准器使检测仪与被检汽车对正。

开亮前照灯,移动检测仪,使光束照射到受光器上。

投影屏刻度检测法,要求先使光轴偏斜量指示计的指示为零,然后根据投影屏上前照灯影像中心所在的刻度值读取光轴偏斜量,再根据光度计的指示值读取发光强度值,如图 5-32所示。

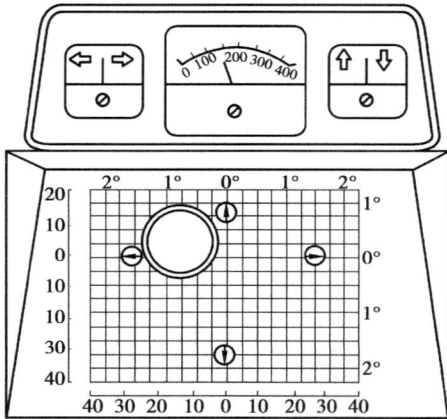

图 5-32　投影屏刻度检测法检测结果示意图　　　图 5-33　光轴刻度盘检测法检测结果示意图

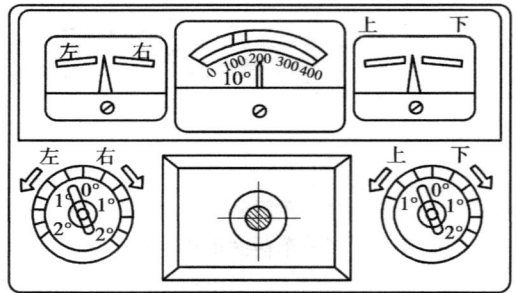

光轴刻度盘检测法,要求转动光轴刻度盘,使投影屏上的坐标原点与前照灯影像中心重合,读取此时光轴刻度盘上的指示值即为光轴偏斜量,再根据光度计上的指示值读取发光强度值,如图 5-33 所示。

b. 自动追踪光轴式前照灯检测仪的检测方法

将被检汽车尽可能地与前照灯检测仪的轨道保持垂直方向驶近检测仪,使前照灯与检测仪受光器相距 3 m。

用汽车摆正找准器使检测仪与被检汽车对正。

开亮前照灯,接通检测仪电源,用控制器上的上下、左右控制开关移动检测仪的位置,使前照灯光束照射到受光器上。

按下控制器上的测量开关,受光器随即追踪前照灯光轴,根据光轴偏斜指示计和光度计的指示值,即可得出光轴偏斜量和发光强度值。

检测完一只前照灯后用同样的方法检测另一只前照灯。检测结束,前照灯检测仪沿轨道或沿地面退回护栏内,汽车驶出。

④检测结果分析

前照灯检验不合格有两种情况,一是前照灯发光强度偏低,二是前照灯照射位置偏斜。

A. 左右前照灯发光强度均偏低

a. 检查前照灯反光镜的光泽是否明亮,如昏暗或镀层剥落或发黑应予更换。

b. 检查灯泡是否老化,质量是否符合要求,如老化或质量不符合要求,光度偏低者应更换。

c. 检查蓄电池端电压是否偏低,如端电压偏低,应先充足电再检测。仅靠蓄电池供电,前照灯发光强度一般很难达到标准的规定,检测时发电机应供电。

B. 左右前照灯发光强度不一致

检查发光强度偏低的前照灯的反射镜光泽是否灰暗,灯泡是否老化,质量是否符合要求,一般多为搭铁线路接触不良。

C. 前照灯光束照射位置偏斜

前照灯安装位置不当或因强烈震动而错位致使光束照射位置偏斜,应予以调整。前照灯光束照射位置偏斜的调整可在前照灯检测仪上进行。

根据检测标准,在检测调整光束照射位置时,对远、近双光束灯以检测调整近光光束为主。如果制造质量合格的灯泡,近光调整合格后,远光光束一般也能合格;若近光光束调整合格后,经复核远光光束照射方向不合格,则应更换灯泡。

5.1.9　汽车噪声的检测

噪声作为一种严重的公害已日益引起人们的关注,目前世界各国已纷纷制定出控制噪声的标准。噪声的一般定义是:频率和声强杂乱无章的声音组合,造成对人和环境的影响。更人性化的描述是,人们不喜欢的声音就是噪声。

随着汽车向快速和大功率方面的发展,汽车噪声已成为一些大城市的主要噪声源。汽车噪声主要包括:发动机的机械噪声、燃烧噪声、进排气噪声和风扇噪声,底盘的机械噪声、制动噪声和轮胎噪声,车厢振动噪声,货物撞击噪声,喇叭噪声和转向、倒车时的蜂鸣声等噪声。由于车辆噪声具有游走性,影响范围大,干扰时间长,因而危害比较大。

(1)噪声的评价指标

1)噪声的声压和声压级

噪声的主要物理参数有声压与声压级、声强与声强级和声功率与声功率级。其中声压与声压级是表示声音强弱的最基本的参数。

声压是指由于声波的存在引起在弹性介质中压力的变化值。声音的强弱取决于声压,声压越大听到的声音越强。人耳可以听到的声压范围为 2×10^{-5}(听阈声压)~20 Pa(痛阈声压),相差100万倍,因此用声压的绝对值表示声音的强弱会感到很不方便,所以人们常用声压级来表示声音的强弱。

声压级是指某点的声压 P 与基准声压(听阈声压)P_0 的比值取常用对数再乘以20的值 $\left(L_P = 20 \lg \dfrac{P}{P_0} \right)$,单位为分贝(dB)。可闻声声压级范围为 0~120 dB。

2）噪声的频谱

人耳对声音的感觉不仅与声压有关，而且还与声音的频率有关。人耳可闻声音的频率范围为 20～20 000 Hz。一般的声源，并不是仅发出单一频率的声音，而是发出具有很多频率成分的复杂声音。声音听起来之所以会有很大的差别，就是因为它们的组成成分不同造成的。因此，为全面了解一个声源的特性，仅知道它在某一频率下的声压级和声功率级是不够的，还必须知道它的各种频率成分和相应的声音强度，这就是频谱分析。

噪声的频谱也是噪声的评价指标之一。以声音频率（Hz）为横坐标、以声音强度（如声压级 dB）为纵坐标绘制的噪声测量图形，称为频谱图。

人耳可闻声音的频率有 1 000 多倍的变化范围，在实际频谱分析中不可能逐个频率分析噪声。在声音测量中，让噪声通过滤波器把可闻声音的频率范围分割成若干个小的频段，称为频程或频带。频带的上限频率 f_k（或称上截止频率）与下限频率 f_l（或称下截止频率）具有 $f_k/f_l = 2^n$ 的关系，频带的中心频率 $f_m = \sqrt{f_k f_l}$，当 $n = 1$ 时称为倍频程或倍频带。可闻声音频率范围用 10 段倍频程表示，如表 5-12 所示。

表 5-12　倍频程中心频率及频率范围/Hz

中心频率	31.5	63	125	250	500
频率范围	22～45	45～90	90～180	180～355	355～710
中心频率	1 000	2 000	4 000	8 000	16 000
频率范围	710～1 400	1 400～2 800	2 800～5 600	5 600～11 200	11 200～22 400

如果需要更详细地分析噪声，可采用 1/3 倍频程，即可以把每个倍频程分成 3 份（$n = 1/3$）。

3）噪声级

声压级相同的声音，但由于频率不同，听起来并不一样响，相反，不同频率的声音，虽然声压级也不同，但有时听起来却一样响，因此，用声压级测定的声音强弱与人们的生理感觉往往不一样。因而，对噪声的评价常采用与人耳生理感觉相适应的指标。

为了模拟人耳在不同频率有不同的灵敏性，在声级计内设有一种能够模拟人耳的听觉特性，把电信号修正为与听觉近似值的网络，这种网络称作计权网络。通过计权网络测得的声压级，已不再是客观物理量的声压级，而是经过听感修正的声压级，称作计权声级或噪声级。

国际电工委员会（IEC）对声学仪器规定了 A，B，C 等几种国际标准频率计权网络，它们是参考国际标准等响曲线而设计的。由于 A 计权网络的特性曲线接近人耳的听感特性，故目前普遍采用 A 计权网络对噪声进行测量和评价，记作 dB（A）。

（2）汽车噪声的标准及其检测

1）汽车噪声检验标准

《机动车运行安全技术条件》（GB 7258—2004）对客车车内噪声级、汽车驾驶员耳旁噪声级和机动车喇叭声级作了规定，《机动车辆允许噪声》（GB 1495—79）和《机动车噪声测量方法》（GB 1496—79）对车外最大噪声级及其测量方法作了规定。

①车外最大允许噪声级　汽车加速行驶时，车外最大允许噪声级应符合表 5-13 的规定。表中所列各类机动车辆的变型车或改装车（消防车除外）的加速行驶车外最大允许噪声级，应

符合其基本型车辆的噪声规定。

②车内最大允许噪声级　客车车内最大允许噪声级不大于 82 dB。

③汽车驾驶员耳旁噪声级　耳旁噪声级应不大于 90 dB。

④机动车喇叭声级　喇叭声级在距车前 2 m、离地高 1.2 m 处测量时,其值应为 90~115 dB。

表 5-13　车外最大允许噪声级

车辆类型		车外最大允许噪声级/ dB(A)	
		1985 年 1 月 1 日以前生产的汽车	1985 年 1 月 1 日起生产的汽车
载货汽车	8 t≤载质量 <15 t	92	89
	3.5 t≤载质量 <8 t	90	86
	载质量 <3.5 t	89	84
轻型越野车		89	84
公共汽车	4 t≤载质量 <11 t	89	86
	载质量≤4 t	88	83
轿车		84	82

2)声级计的结构与工作原理

在汽车噪声的测量方法中,国家标准规定使用的仪器是声级计。

声级计是一种能把噪声以近似于人耳听觉特性测定其噪声级的仪器。可以用来检测机动车的行驶噪声、排气噪声和喇叭声音响度级。

根据测量精度不同,声级计可分为精密声级计和普通声级计两类,根据所用电源不同可分为交流式声级计和直流式声级计两类。后者也可以称为便携式声级计,具有体积小、重量轻和现场使用方便等特点。

声级计一般由传声器、放大器、衰减器、计权网络、检波器、指示表头和电源等组成。其工作原理是:被测的声波通过传声器被转换为电压信号,根据信号大小选择衰减器或放大,放大后的信号送入计权网络作处理,最后经过检波并在以 dB 标度的表头上指示出噪声数值。图 5-34 为我国生产的 ND2 型精密声级计。

①传声器

传声器是将声波的压力转换成电压信号的装置,也称话筒,是声级计的传感器。常见的传声器有动圈式和电容式等多种形式。

动圈式传声器由振动膜片、可动线圈、永久磁铁和变压器等组成。振动膜片受到声波压力作用产生振动,它带动着和它装在一起的可动线圈在磁场内振动而产生感应电流。该电流根据振动膜片受到声波压力的大小而变化。声压越大,产生的电流就越大。

电容式传声器由金属膜片和金属电极构成平板电容的两个极板,当膜片受到声压作用发生变形,使两个极板之间的距离发生变化,电容量也发生变化,从而实现了将声压转换为电信号的作用。电容式传声器具有动态范围大、频率响应平直、灵敏度高和稳定性好等优点,因而应用广泛。

②放大器和衰减器

在放大线路中都采用两级放大器,即输入放大器和输出放大器,其作用是将微弱的电信号放大。输入衰减器和输出衰减器是用来改变输入信号的衰减量和输出信号衰减量的,以便使表头指针指在适当的位置上。衰减器每一挡的衰减量为 10 dB。

③计权网络

计权网络一般有 A,B,C 3 种。A 计权声级模拟人耳对 55 dB 以下低强度噪声的频率特性,B 计权声级模拟 55 ~ 85 dB 的中等强度噪声的频率特性,C 计权声级模拟高强度噪声的频率特性。三者的主要差别是对噪声低频成分的衰减程度不同,A 衰减最多,B 次之,C 衰减量最少。A 计权声级由于其特性曲线接近于人耳的听感特性,因此目前应用最广泛,B,C 计权声级已逐渐不被采用。

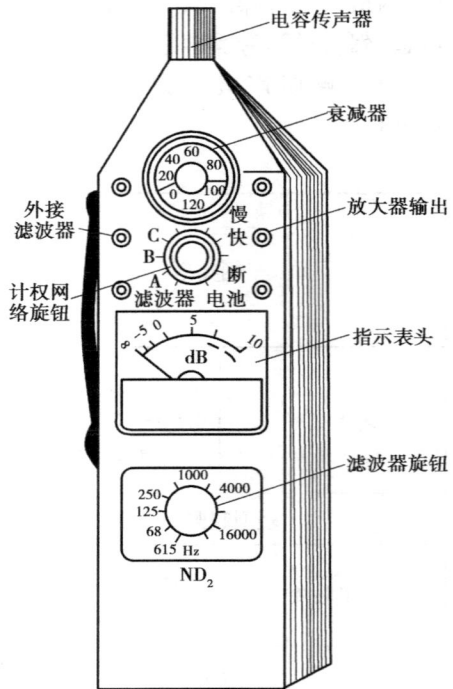

图 5-34　ND2 型精密声级计

④检波器和指示表头

为了使经过放大的信号通过表头显示出来,声级计还需要有检波器,以便把迅速变化的电压信号转变成变化较慢的直流电压信号。这个直流电压的大小要正比于输入信号的大小。根据测量的需要,检波器有峰值检波器、平均值检波器和均方根值检波器之分。峰值检波器能给出一定时间间隔中的最大值,平均值检波器能在一定时间间隔中测量其绝对平均值。

多数的噪声测量中均采用均方根值检波器。均方根值检波器能对交流信号进行平方、平均和开方,得出电压的均方根值,最后将均方根电压信号输送到指示表头。指示表头是一只电表,只要对其刻度进行标定,就可从表头上直接读出噪声级的 dB 值。

声级计表头阻尼一般都有"快"和"慢"两个挡。"快"挡的平均时间为 0.27 s,很接近于人耳听觉器官的生理平均时间。"慢"挡的平均时间为 1.05 s。当对稳态噪声进行测量或需要记录声级变化过程时,使用"快"挡比较合适;在被测噪声的波动比较大时,使用"慢"挡比较合适。

声级计面板上一般还备有一些插孔,这些插孔如果与便携式倍频带滤波器相连,可组成小型现场使用的简易频谱分析系统;如果与录音机组合,则可把现场噪声录制在磁带上储存下来,待以后再进行更详细的研究;如果与示波器组合,则可观察到声压变化的波形,并可存储波形或用照相机把波形摄制下来;还可以把分析仪、记录仪等仪器与声级计组合、配套使用,这要根据测试条件和测试要求而定。

3）汽车噪声的测量方法

国家标准规定汽车噪声使用的测量仪器有精密声级计或普通声级计和发动机转速表,声级计误差不超过 ±2 dB,并要求在测量前后,按规定进行校准。

①声级计的检查与校准

a.在未接通电源时,先检查并调整仪表指针的机械零点。可用零点调整螺钉使指针与零点重合。

b.检查电池容量。把声级计功能开关对准"电池",此时电表指针应达到额定红线,否则读数不准,应更换电池。

c.打开电源开关,预热仪器 10 min。

d.校准仪器。每次测量前或使用一段时间后,应对仪器的电路和传声器进行校准。根据声级计上配有的电路校准"参考"位置,校验放大器的工作是否正常。如不正常,应用微调电位计进行调节。电路校准后,再用已知灵敏度的标准传声器对声级计上的传声器进行对比校准。

常用的标准传声器有声级校准器和活塞式发声器,它们的内部都有一个可发出恒定频率、恒定声级的机械装置,因而很容易对比出被检传声器的灵敏度。声级校准器产生的声压级为 94 dB,频率为 1 000 Hz;活塞式发声器产生的声压级为 124 dB,频率为 250 Hz。

e.将声级计的功能开关对准"线性""快"挡。由于室内的环境噪声一般为 40～60 dB,声级计上应有相应的示值。当变换衰减器刻度盘的挡位时,表头示值应相应变化 10 dB 左右。

f.检查计权网络。按上述步骤,将"线性"位置依次转换为"C""B""A"。由于室内环境噪声多为低频成分,故经三挡计权网络后的噪声级示值将低于线性值,而且应依次递减。

g.检查"快""慢"挡。将衰减器刻度盘调到高分贝值处(例如 90 dB),通过操作人员发声,来观察"快"挡时的指针能否跟上发音速度,"慢"挡时的指针摆动是否明显迟缓。

h.在投入使用时,若不知道被测噪声级多大,必须把衰减器刻度盘预先放在最大衰减位置(即 120 dB),然后在实测中再逐步旋至被测声级所需要的衰减挡。

②车外噪声测量方法

A.测量条件

a.测量场地应平坦而空旷,在测试中心以 25 m 为半径的范围内,不应有大的反射物,如建筑物、围墙等。

b.测试场地跑道应有 20 m 以上平直、干燥的沥青路面或混凝土路面。路面坡度不超过 0.5%。

c.本底噪声(包括风噪声)应比所测车辆噪声至少低 10 dB。并保证测量不被偶然的其他声源所干扰。本底噪声是指测量对象噪声不存在时,周围环境的噪声。

d.为避免风噪声干扰,可采用防风罩,但应注意防风罩对声级计灵敏度的影响。

e.声级计附近除测量者外,不应有其他人员,如不可缺少时,则必须在测量者背后。

f.被测车辆不载重,测量时发动机应处于正常使用温度,车辆带有其他辅助设备亦是噪声源,测量时是否开动,应按正常使用情况而定。

B.测量场地及测点位置

如图 5-35 所示为汽车噪声的测量场地及测量位置,测试传声器位于 20 m 跑道中心点 O

两侧,各距中线 7.5 m,距地面高度 1.2 m,用三脚架固定,传声器平行于路面,其轴线垂直于车辆行驶方向。

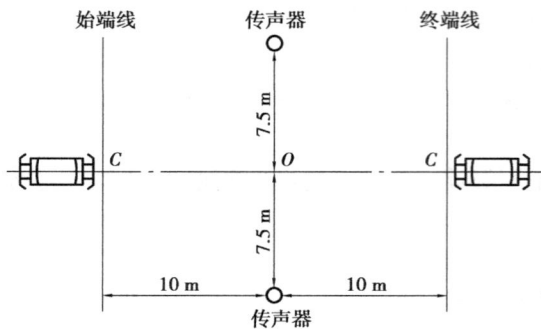

图 5-35　车外噪声测量场地及测量位置

C. 加速行驶车外噪声测量方法

a. 车辆须按规定条件稳定地到达始端线,前进挡位为 4 挡以上的车辆用第 3 挡,前进挡位为 4 挡或 4 挡以下的用第 2 挡,发动机转速为其标定转速的 3/4。如果此时车速超过了 50 km/h,那么车辆应以 50 km/h 的车速稳定地到达始端线。对于自动变速器的车辆,使用在试验区间加速最快的挡位。辅助变速装置不应使用。在无转速表时,可以控制车速进入测量区,即以所定挡位相当于 3/4 标定转速的车速稳定地到达始端线。

b. 从车辆前端到达始端线开始,立即将加速踏板踏到底或节气门全开,直线加速行驶,当车辆后端到达终端线时,立即停止加速。车辆后端不包括拖车以及和拖车连接的部分。

本测量要求被测车在后半区域发动机达到标定转速,如果车速达不到这个要求,可延长 OC 距离为 15 m,如仍达不到这个要求,车辆使用挡位要降低一挡。如果车辆在后半区域超过标定转速,可适当降低到达始端线的转速。

c. 声级计用"A"计权网络、"快"挡进行测量,读取车辆驶过时的声级计表头最大读数。

d. 同样的测量往返进行 1 次。车辆同侧两次测量结果之差,应不大于 2 dB,并把测量结果记入规定的表格中。取每侧两次声级平均值中最大值作为检测车的最大噪声级。若只用 1 只声级计测量,同样的测量应进行 4 次,即每侧测量两次。

D. 匀速行驶车外噪声测量方法

a. 车辆用常用挡位,加速踏板保持稳定,以 50 km/h 的车速匀速通过测量区域。

b. 声级计用"A"计权网络、"快"挡进行测量,读取车辆驶过时声级计表头的最大读数。

c. 同样的测量往返进行 1 次,车辆同侧两次测量结果之差不应大于 2 dB,并把测量结果记入规定的表格中。若只用 1 个声级计测量,同样的测量应进行 4 次,即每侧测量两次。

③车内噪声测量方法

A. 测量条件。

a. 测量跑道应有足够试验需要的长度,应是平直、干燥的沥青路面或混凝土路面。

b. 测量时风速(指相对于地面)应不大于 3 m/s。

c. 测量时车辆门窗应关闭。车内带有其他辅助设备是噪声源,测量时是否开动,应按正常使用情况而定。

94

d. 车内本底噪声比所测车内噪声至少低 10 dB,并保证测量不被偶然的其他声源所干扰。

e. 车内除驾驶员和测量人员外,不应有其他人员。

B. 测点位置

a. 车内噪声测量通常在人耳附近布置测点,传声器朝车辆前进方向。

b. 驾驶室内噪声测点的位置如图 5-36 所示。

c. 载客车室内噪声测点可选在车厢中部及最后一排座的中间位置,传声器高度参考图 5-36。

C. 测量方法

a. 车辆以常用挡位、50 km/h 以上的不同车速匀速行驶,分别进行测量。

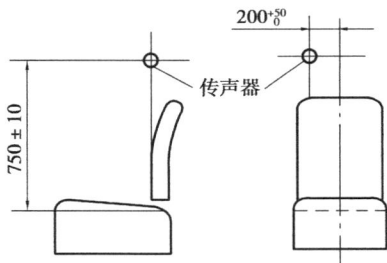

图 5-36　驾驶室内噪声测点的位置

b. 用声级计"慢"挡测量"A""C"计权声级,分别读取表头指针最大读数的平均值,测量结果记入规定的表格中。

c. 做车内噪声频谱分析时,应包括中心频率为 31.5 Hz,63 Hz,125 Hz,250 Hz,500 Hz,1 000 Hz,2 000 Hz,4 000 Hz,8 000 Hz 的倍频带。

④驾驶员耳旁噪声的测量方法

a. 车辆应处于静止状态且变速器置于空挡,发动机应处于额定转速状态。

b. 测点位置如图 5-37 所示。

c. 声级计应置于"A"计权、"快"挡。

⑤汽车喇叭声的测量

汽车喇叭声的测点位置如图 5-37 所示,测量时应注意不被偶然的其他声源峰值所干扰。测量次数宜在两次以上,并注意监听喇叭声是否悦耳。

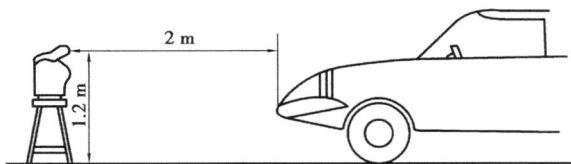

图 5-37　汽车喇叭噪声的测点位置

5.2　发动机的检测与诊断

发动机是汽车动力的来源。由于其结构复杂,工作条件又很不稳定,经常处于转速与负荷变化的条件下运转,某些零件还处于高温及高压等恶劣条件下工作,因而故障率较高,往往成为检测与诊断的重点对象。

发动机技术状况变化的主要外观症状有:动力性下降,燃料与润滑油消耗量增加,启动困难,漏水、漏油、漏气、漏电以及运转中有异常响声等。

5.2.1 发动机功率的检测

发动机输出的有效功率是指发动机输出轴上发出的功率,是发动机一项综合性指标,通过检测,可掌握发动机的技术状况,确定发动机是否需要大修或鉴定发动机的维修质量。发动机功率的检测可分为稳态测功和动态测功。

稳态测功是指在节气门开度一定,转速一定和其他参数都保持不变的稳定状态下,在发动机试验台上由测功器测试功率的方法。通过测量发动机的输出转矩和转速,由下式计算出发动机的有效功率:

$$P_e = \frac{M_e \cdot n}{9\,550}$$

式中　P_e——发动机功率,kW;

　　　n——发动机转速,r/min;

　　　M_e——发动机输出扭矩,Nm。

动态测功是指发动机在低速运转时,突然全开节气门或置油门齿杆位置为最大,使发动机加速运转,用加速性能直接反映最大功率。这种方法不加负荷,可在实验台上进行,也可就车进行,但测量精度比稳态测功要差。

(1)发动机的稳态测功

在实验台上测量发动机输出功率的测试设备有转速仪、水温表、机油压力表、机油温度表、气象仪器(湿度计、大气压力计、温度计)、计时器、燃料测量仪及测功器等。

测功器作为发动机的负载,实现对测定工况的调节,模拟汽车实际行驶时外界负载的变化,同时测量发动机的输出转矩和转速,即可算出发动机的功率。

测功器是发动机性能测试的重要设备,主要的类型有水力式、电力式和电涡流式。水力测功器是利用水作为工作介质,调节制动力矩。电力测功器是利用改变定子磁场的激磁电压产生制动力矩。电涡流测功器是利用电磁感应产生涡电流形成制动作用。这里仅就电涡流测功器的结构和工作原理等作一介绍。

1)电涡流测功器的结构与工作原理

①电涡流测功器的结构

电涡流测功器因结构形式不同,分为盘式和感应子式两类。现在应用最多的是感应子式电涡流测工器。

图5-38为感应子式电涡流测功器的结构图。制动器由转子和定子组成,制成平衡式结构。转子为铁制的齿状圆盘。定子的结构较为复杂,由激磁绕组、涡流环、铁芯组成。电涡流测功器吸收的发动机功率全部转化为热量,测功器工作时,冷却水对测功器进行冷却。

②电涡测功器的工作原理

当激磁绕组中有直流电通过时,在由感应子、空气隙、涡流环和铁芯形成的闭合磁路中产生磁通,当转子转动时,空气隙发生变化,则磁通密度也发生变化。在转子齿顶处的磁通密度大,齿根处磁通密度小,由电磁感应定律可知,此时将产生感应电势,力图阻止磁通的变化,于是在涡流环上感应出涡电流,涡电流的产生引起对转子的制动作用,涡流环吸收发动机的功率,产生的热量由冷却水带走。

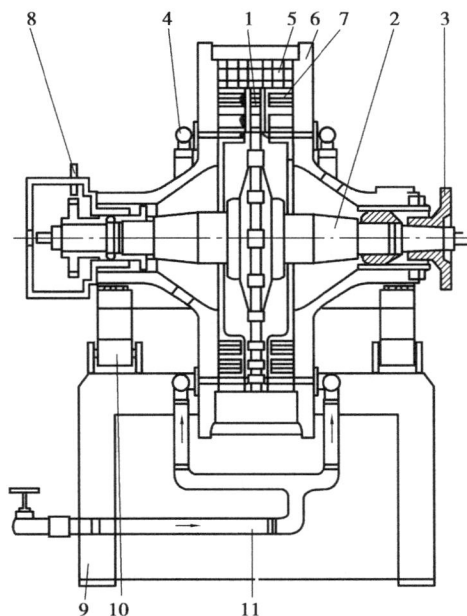

图 5-38　电涡流测功器结构图

1—转子;2—转子轴;3—连接盘;4—冷却水管;5—激磁绕组;6—外壳;
7—冷却水腔;8—转速传感器;9—底座;10—轴承座;11—进水管

2)测试过程

a. 将发动机安装在测功器台架上,使发动机曲轴中心线与测功器转轴中心线重合。

b. 安装仪表并接上电器线路及接通各种管路。

c. 检查调整气门间隙、分电器的断电器触点间隙、火花塞电极间隙及点火提前角,紧固各部螺栓螺母。

柴油机要检查调整喷油器的喷油提前角、喷油压力、喷油锥角及喷雾情况。

d. 记录当时气压和气温。

e. 启动发动机,操纵试验仪器,观察仪表工作情况,记录下数据,根据记录数据计算并绘制出 P_e,M_e,g_e 曲线。

(2)发动机的无负荷测功

从汽车上卸下发动机时,将耗费时间和劳力,并增加汽车的停歇时间。另外配合件的拆装,不仅导致原走合面的改变,并且会造成密封件和连接件的损坏,同时将大大缩短机构的工作寿命。在用发动机无负荷测功,可以在不拆卸发动机的情况下,快速测定发动机的功率。

1)发动机无负荷测功的原理

发动机无负荷测功仪不需外加载装置,其测量原理是:对于某一结构的发动机,它的运动件的转动惯量可以认为是一定值,这就是发动机加速时的惯性负载,因此,只要测出发动机在指定转速范围内急加速时的平均加速度,即可得知发动机的动力性能。或者说通过测量某一定转速时的瞬时加速度,就可以确定出发动机的功率大小。瞬时加速度越大,则发动机功率越大。

2）发动机无负荷测功方法

进行无负荷测功时，首先使发动机与传动系分离，并使发动机的温度与转速达到规定值，然后把传感器装入离合器壳的专用孔中，快速打开节气门（汽油机），使发动机加速，此时功率表便可显示被测发动机的功率。为了取得较准确的测量值，可重复试验几次，取平均值。

测试时的加速方法，对汽油机有两种：一种是通过快速打开节气门加速；另一种是在发动机运转时切断点火电路，待发动机转速下降后再接通点火电路加速。后一种加速方法排除了化油器加速泵的附加供油作用，因而可以检查化油器的调整质量。

无负荷测功仪可以测定发动机的全功率，也可测定某一汽缸的功率（断开某一缸的点火或高压油路测得的功率和全功率比较，二者之差即为该缸的单缸功率）。各单缸功率进行对比，可判断各缸技术状况（主要是磨损情况）。

3）无负荷测功仪的使用方法

无负荷测功仪既可以制成单一功能的便携式测功仪，又可以和其他测试仪表组合成为台式发动机综合测试仪。无负荷测功仪的使用方法如下：

①仪器自校、预热

按使用说明书，仪器预热 0.5 h，然后进行自校（其面板图如图 5-39 所示）。把计数检查旋钮 1 拨向"检查"位置，左边时间（T）表头指针 1 s 摆动一次。把旋钮 1 拨向"测试"位置，把旋钮 3 拨向"自校"位置，再缓慢旋转"模拟转速"旋钮 2，注意转速（n）表头指针慢慢向右偏转（模拟增加转速）。当指针偏转至起始转速 $n_1 = 1\ 000$ r/min 位置时，门控指示灯即亮。继续增加模拟转速至 $n_2 = 2\ 800$ r/min 时，"T"表即指示出加速时间，以表示模拟速度的快慢。按下"复零"按钮，仪器表针回零，门控指示灯熄灭，表示仪器调整正常。否则，微调 n_1、n_2 电位器。

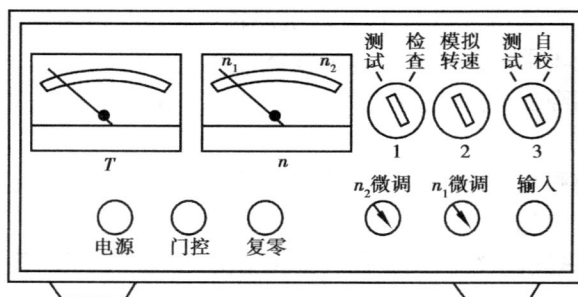

图 5-39　便携式无负荷测功仪面板

②预热发动机，安装转速传感器

预热发动机至正常工作温度（85～95 ℃），并使发动机怠速正常。变速器空挡，然后把仪器转速传感器二接线卡分别接在分电器低压接柱和接铁线路上。

③测加速时间

操作者在驾驶室内迅速地把加速踏板踩到底，发动机转速猛然上升，当"T"表指针显示出加速时间（或功率）时，应立即松开加速踏板，切忌发动机长时间高速空转。记下读数，仪器复零。重复操作 3 次，读数取平均值。

袖珍式无负荷测功仪，带有伸缩天线，可收取发动机运转时的点火脉冲信号，而不必与发动机采取任何有线连接。使用时，用手拿着该测功仪，只要面对发动机侧面拉出伸缩天线，发动机突然加速运转,即可遥测到加速时间和转速。然后翻转测功仪,查看壳体背面印制的主要机型的功率、时间对照表,便可得知发动机功率的大小。

不少无负荷测功仪还配备有检测柴油机的传感器,以便对柴油机的功率进行检测。

4)检测结果分析

根据测定结果进行分析,对发动机技术状况作出判断。

在用车发动机功率不得低于原额定功率的75%,大修后发动机功率不得低于原额定功率的90%。

a. 若发动机功率偏低,系燃料供给系调整状况不佳,点火系技术状况不佳,应对油、电路进行调整。若调整后功率仍低时,应结合汽缸压力和进气歧管真空度的检查,判断是否是机械部分故障。

b. 对个别汽缸技术状况有怀疑时,可对其进行断火后再测功,从功率下降的大小,诊断该缸的工作情况。

也可利用在单缸断火情况下测得的发动机转速下降值,来评价各缸的工作情况。工作正常的发动机,在某一转速下稳定空转时,发动机的指示功率与摩擦功率是平衡的。此时,若取消任一汽缸的工作,发动机转速都会有相同的下降值。要求最高与最低下降之差不大于平均下降值的30%。如果转速下降值低于一定规定值,说明断火之缸工作不良。转速下降值越小,则单缸功率越小,当下降值等于零时,单缸功率也等于零,即该缸不工作。

发动机单缸功率偏低,一般系该缸高压分火线或火花塞技术状况不佳、汽缸密封性不良、汽缸上油(机油)等原因造成,应调整或检修。

c. 发动机功率与海拔高度有密切关系,无负荷测功仪所测结果是实际大气压力下的发动机功率,如果要校正到标准大气压下的功率,应乘以校正系数。

5.2.2　汽缸密封性的检测

汽缸密封性与汽缸体、汽缸盖、汽缸垫、活塞、活塞环和进排气门等零件的技术状况有关。在发动机使用过程中,由于这些零件磨损、烧蚀、结焦或积碳,导致汽缸密封性下降,使发动机功率下降,燃油消耗率增加,使用寿命大大缩短。汽缸密封性是表征发动机技术状况的重要参数。

在不解体的条件下,检测汽缸密封性的常用方法有:测量汽缸压缩压力、测量曲轴箱窜气量、测量汽缸漏气量或汽缸漏气率、测量进气管负压等。在就车检测时,只要进行其中的一项或两项,就能确定汽缸密封性的好坏。

(1)汽缸压缩压力的检测

检测活塞到达压缩终了上止点时汽缸压缩压力的大小可以表明汽缸的密封性。检测方法有用汽缸压力表检测和用汽缸压力测试仪检测两种。

1)用汽缸压力表检测

汽缸压力表如图 5-40 所示。由于用汽缸压力表检测汽缸压缩压力(以下简称汽缸压力)具有价格低廉、仪表轻巧、实用性强和检测方便等优点,因而在汽车维修企业中应用十分广泛。

①检测方法

发动机正常运转,使水温达 75 ℃以上。停机后,拆下空气滤清器,用压缩空气吹净火花塞

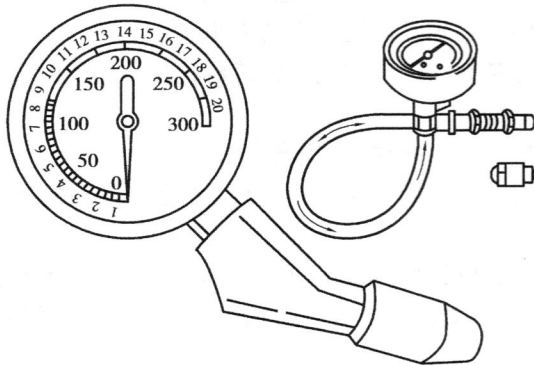

图 5-40 汽缸压力表

或喷油器周围的灰尘和脏物,然后卸下全部火花塞或喷油器,并按汽缸次序放置。对于汽油发动机,还应把分电器中央电极高压线拔下并可靠搭铁,以防止电击和着火,然后把汽缸压力表的橡胶接头插在被测缸的火花塞孔内,扶正压紧。节气门和阻风门置于全开位置,用启动机转动曲轴 3~5 s(不少于 4 个压缩行程),待压力表头指针指示并保持最大压力后停止转动。取下汽缸压力表,记下读数,按下单向阀使压力表指针回零。按上述方法依次测量各缸,每缸测量次数不少于两次。

就车检测柴油机汽缸压力时,应使用螺纹接头的汽缸压力表。如果该机要求在较高转速下测量,此种情况除受检汽缸外,其余汽缸均应工作。其他检测条件和检测方法同于汽油机。

②诊断参数标准

汽缸压缩压力标准值一般由制造厂提供。根据《汽车修理质量检查评定标准·发动机大修》(GB/T 15746.2—95)附录 B 的规定:大修竣工发动机的汽缸压力应符合原设计规定,每缸压力与各缸平均压力的差,汽油机不超过 8%,柴油机不超过 10%。

常见几种车型发动机汽缸压缩压力的标准值如表 5-14 所示。

表 5-14 常见几种车型汽缸压缩压力值

发动机型号	压缩比	汽缸压缩压力值/kPa	各缸压力差/kPa
奥迪 100 1.8 L	8.5	新车:800~1 000 极限:650	不大于 300
捷达 EA827	8.5	900~1 100	不大于 300
桑塔纳 AJR1.8 L	9.3	1 000~1 350	300
富康 TU3	8.8	1 200	300
解放 CA6102	7.4	930	
东风 EQ6100	6.75	833	
五十铃 4JB1	18.2	3 100	

③结果分析

测得结果如高于原设计规定,可能是由于燃烧室积炭过多、汽缸衬垫过薄或缸体与缸盖结合平面经多次修理加工过甚造成。测得结果如低于原设计规定,可向该缸火花塞或喷油器孔内注入适量机油,然后用汽缸压力表重测汽缸压力并记录。

a. 如果第二次测出的压力比第一次高,说明汽缸、活塞环、活塞磨损过大或活塞环对口、卡死、断裂及缸壁拉伤等原因造成汽缸不密封。

b. 如果第二次测出的压力与第一次相近,说明进、排气门或汽缸衬垫不密封。

c. 如果两次检测某相邻两缸压力均较低,说明该两缸相邻处的汽缸衬垫烧损窜气。

2) 用汽缸压力测试仪检测

a. 用压力传感器式汽缸压力测试仪检测 用这种测试仪检测汽缸压力时,须先拆下被测缸的火花塞,旋上仪器配置的压力传感器,用启动机转动曲轴 3 ~ 5 s,由传感器取出汽缸的压力信号,经放大后送入 A/D 转换器进行模数转换,再送入显示装置即可获得汽缸压力。

b. 用启动电流或启动电压降式汽缸压力测试仪检测 通过测启动电源——蓄电池的电压降,也可获得汽缸压力。这是因为启动机工作时,蓄电池端电压的变化取决于启动机电流的变化。当启动电流增大时,蓄电池端电压降低,即启动电流与电压降成正比。启动电流与汽缸压力成正比,因此启动时蓄电池的电压降与汽缸压力也成正比,所以通过测蓄电池电压降可以获得汽缸压力。用该测试仪检测汽缸压力时,无须拆下火花塞。

c. 用电感放电式汽缸压力测试仪检测 这是一种通过检测点火二次电感放电电压来确定汽缸压力的仪器,仅适用于汽油机。汽油机工作中,随着断电器触点打开,二次电压随即上升击穿火花塞间隙,并维持火花塞放电。火花放电电压也称为火花线,它属于点火系电容放电后的电感放电部分。电感放电部分的电压与汽缸压力之间具有近乎直线的对应关系,因此各缸火花放电电压可作为检测各缸压力的信号,该信号经变换处理后即可显示汽缸压力。

使用以上几种测试仪检测汽缸压力时,发动机不应着火工作。汽油机可拔下分电器中央高压线并搭铁或按测试仪要求处理,柴油机可旋松喷油器高压油管接头断油,即可达到目的。

(2) 曲轴箱窜气量的检测

检测曲轴箱窜气量,也是检测汽缸密封性的方法之一。特别是在发动机不解体的情况下,使用该方法诊断汽缸活塞摩擦副的工作状况具有明显的作用。

1) 曲轴箱窜气量的检测方法

曲轴箱窜气量的检测一般采用专用气体流量计进行,如图 5-41 所示,具体检测步骤如下:

①打开电源开关,按仪器使用说明书的要求对检测仪进行预调。

②密封曲轴箱,即堵塞机油尺口、曲轴箱通风进出口等,将取样头插入机油加注口内。

③启动发动机,待其运转平稳后,仪表箱仪表的指示值即为发动机曲轴箱在该转速下的窜气量。

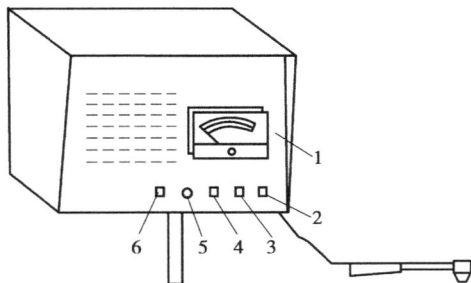

图 5-41   曲轴箱窜气量检测仪
1—指示仪表;2—预测按钮;3—预调旋钮;
4—挡位开关;5—调零旋钮;6—电源开关

曲轴箱窜气量除与发动机汽缸活塞组技术状况有关外,还与发动机转速和负荷有关。因此在检测时,发动机应加载,节气门全开(或柴油机最大供油量),在最大转矩转速(此时窜气量达最大值)下测试。发动机加载可在底盘测功机上实现,测功机的加载装置可方便地通过滚筒对发动机进行加载,以实现发动机在全负荷工况下从最大转矩转速至额定转速的任一转速下运转,因此,可用曲轴箱窜气量检测仪检测出各种工况下曲轴箱的窜气量。

2)曲轴箱窜气量诊断参数标准

对曲轴箱窜气量还没有制定出统一的国家诊断标准,有些维修企业自用的企业标准一般是根据具体车型逐渐积累资料制定的。由于曲轴箱窜气量还与缸径大小和缸数多少有关,很难把众多车型统一在一个诊断参数标准内。有些国家以单缸平均窜气量作为诊断参数。综合国内外情况,单缸平均窜气量值可参考以下标准:

汽油机:新机 2~4 L/min,达到 16~22 L/min 时需大修。

柴油机:新机 3~8 L/min,达到 18~28 L/min 时需大修。

曲轴箱窜气量大,一般是汽缸、活塞、活塞环磨损量大,使各部分间隙大;活塞环对口、结胶、积碳、失去弹性、断裂及缸壁拉伤等原因造成,应结合使用、维修和配件质量等情况来进行深入诊断。

(3)汽缸漏气量和漏气率的检测

1)汽缸漏气量的检测

汽缸的密封性可用检测汽缸漏气量的方法进行评价。检测汽缸漏气量时,发动机不运转,活塞处在压缩终了上止点位置,从火花塞孔处通入一定压力的压缩空气,通过测量汽缸内压力的变化情况,来表征整个汽缸组的密封性,即不仅表征汽缸活塞摩擦副,还表征进排气门、汽缸衬垫、汽缸盖及汽缸的密封性。该方法仅适用于对汽油机的检测。

国产 QLY-1 型汽缸漏气量检测仪如图 5-42 所示。该仪器由调压阀、进气压力表、测量表、校正孔板、橡胶软管、快速接头和充气嘴等组成,此外还须配备外部气源、指示活塞位置的指针和活塞定位盘。外部气源的压力相当于汽缸压缩压力,一般为 600~900 kPa。压缩空气按箭头方向进入汽缸漏气量检测仪,其压力由进气压力表 2 显示。随后,它经由调压阀、校正孔板、橡胶软管、快速接头和充气嘴进入汽缸,汽缸内的压力变化情况由测量表 3 显示。检测方法如下:

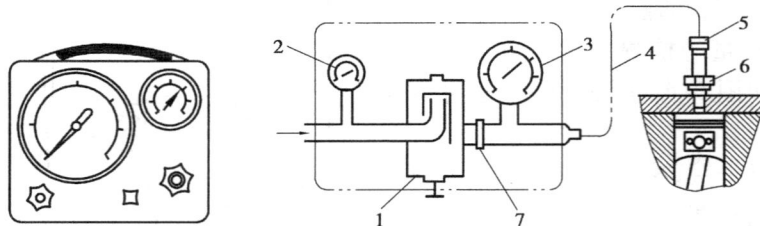

图 5-42 汽缸漏气量检测仪
1—调压阀;2—进气压力表;3—测量表;4—橡胶软管;5—快速接头;6—充气嘴;7—校正孔板

①先将发动机预热到正常工作温度,然后用压缩空气吹净缸盖,特别要吹净火花塞孔上的灰尘,拧下所有火花塞,装上充气嘴。

②将仪器接上气源,在仪器出气口完全密封的情况下,通过调节调压阀,使测量表的指针指在 392 kPa 位置上。

③卸下分电器盖和分火头,装上指针和活塞定位盘。指针可用旧分火头改制,仍装在原来的位置上。活塞定位盘用较薄的板材制成,其上按缸数进行刻度,并按分火头的旋转方向和点火次序刻有缸号。假定是六缸发动机,分火头顺时针方向转动,点火次序为 1—5—3—6—2—4,则活塞定位盘上每 60°有一刻度,共有 6 个刻度,并按顺时针方向在每个刻度上分别刻有 1,5,3,6,2,4 的字样。

④摇转曲轴,先使第 1 缸活塞处于压缩终了上止点位置,然后转动活塞定位盘,使刻度"1"对正指针。变速器挂低速挡,拉紧驻车制动器,以保证压缩空气进入汽缸后,不会推动活塞下移。

⑤把 1 缸充气嘴接上快速接头,向 1 缸充气,测量表上的读数,便反映了该缸在充气的同时,可以从进气口、排气消声器口、散热器加水口和加机油口等处,察听是否有漏气声,以便找出故障部位。

⑥摇转曲轴,使指针对正活塞定位盘下一缸的刻度线,按以上方法检测下一缸漏气量。

⑦按以上方法和点火次序,检测其他各缸的漏气量。为使数据可靠,各缸应重复测量一次。

仪器使用完毕后,调压阀应退回到原来的位置。

对于解放和东风等国产发动机,在确认进排气门和汽缸衬垫密封良好的情况下,其测量读数值大于 246 kPa,汽缸活塞摩擦副的密封性可诊断为合格;如读数值小于 246 kPa,则需换环或镗缸换活塞。

2)汽缸漏气率的检测

汽缸漏气率的检测,无论在使用的仪器、检测的方法,还是判断故障的方法上,与汽缸漏气量的检测是基本一致的,只不过汽缸漏气量检测仪的测量表标定单位为 kPa 或 MPa,而汽缸漏气率测量表的标定单位为百分数。一般来说,当汽缸漏气率达 30% ~40% 时,如果能确认进排气门、汽缸衬垫、汽缸盖和汽缸套等是密封的(可从各泄漏处有无漏气或迹象确认),则说明汽缸活塞摩擦副的磨损临近极限值,已到了需换环或镗磨缸的程度。

(4)进气管负压的检测

进气管负压(也称真空度)是进气管内的压力与大气压力的差值,发动机进气管负压的大小随汽缸活塞组零件的磨损而变化,并与气门组零件的技术状况、进气管的密封性以及点火系和供油系的调整有关。因此,检测进气管负压,可以用来诊断发动机多种故障。

进气管负压用真空表检测,无须拆任何机件,而且快速简便,应用极广。一般发动机综合分析仪也具有进气管负压检测功能。

1)测试条件及操作方法

①启动发动机,并使其以高于怠速的转速空转 30 min 以上,使发动机达到正常工作温度。

②将真空表软管接到进气歧管的测压孔上。

③变速器挂空挡,发动机怠速运转。

④读取真空表上的示值。

2）诊断标准

根据《汽车发动机大修竣工技术条件》（GB 3799—83）的规定，大修竣工的四行程汽油机转速在 500～600 r/min 时，以海平面为准，进气管负压应为 57.33～70.66 kPa。波动范围：六缸汽油机一般不超过 3.33 kPa，四缸汽油机一般不超过 5.07 kPa。

进气管负压随海拔升高而降低。海拔每升高 1 000 m，负压约减少 10 kPa，检测应根据所在地的海拔高度进行折算。

5.2.3　点火系的检测与诊断

发动机在运行过程中出现的故障大多数都是由供油系和点火系引起的。一般情况下发动机在运转中突然熄火并发动不着，多为点火系故障。发动机在运转过程中逐渐熄火，多为供油系故障。

点火系的主要故障有无火、缺火、乱火、火弱及点火正时失准等。点火系故障部位可分为低压线路和高压线路两部分。

点火系的故障可采用人工经验诊断法和仪器诊断法进行，这里主要讲述仪器诊断法。

（1）点火示波器的使用及波形分析

1）点火示波器简介

示波器可显示电压随时间变化的波形，是一种多用途的检测设备。示波器显示信号的速度比一般电子检测设备要快得多，是唯一能即时显示瞬态波形的仪器。

示波器一般由传感器（包括夹持器、测试探头和测针等）、中间处理环节和显示器等组成。

汽油机点火示波器是示波器的一种，专门用来检测诊断汽油机点火系的技术状况。使用汽车专用的点火示波器可以查看点火系统的工作波形，并根据点火的波形判断点火系统的故障。

当点火示波器连接在运转的汽油机点火系电路上时，示波器屏幕上将显示出点火系中电压随时间变化的曲线，即点火波形。示波器屏幕显示的波形，在垂直方向上表示电压，在水平方向上表示时间，基线的上方为正电压，下方为负电压。

2）传统点火系点火波形分析

示波器可以显示发动机点火过程的 3 类波形：直列波、重叠波和高压波，通过所显示的波形与标准波形的比较，即可诊断出故障所在部位。

①直列波

在进行测试时，先按图 5-43 所示将示波器的信号线和电源线接好，打开示波器电源，调整示波器上的上下、左右旋钮，使屏幕上的光点位于屏幕的中央，然后启动发动机，使发动机的转速保持在 1 500 r/min。调整各旋钮，使各汽缸直列波形显示在坐标刻度内，其波形如图 5-44 所示。

发动机工作时，其次级电压的波形即为直列波，调整示波器的左右旋钮，使要观察的某一缸的波形位于屏幕标线的适当位置，此时屏幕上所显示波形如图 5-45 所示，此波形即为单缸直列波。此波形反映了点火系次级电压在点火工作过程中各个阶段的变化情况，波形各阶段的含义如下：

EA 段：为断电器触点闭合，初级电流增长的阶段。*E* 点为触点闭合的瞬间，因触点闭合时初级电流的突然增加，在次级绕组中会出现一个小而向下的振荡波形（第二次振荡），随着初级电流变化率的减小，次级电压即成为 1 条水平线。

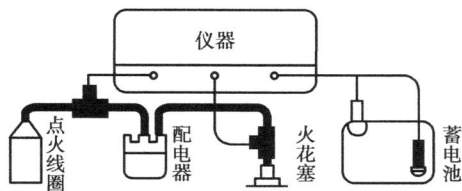

图 5-43 示波器与点火系的接线

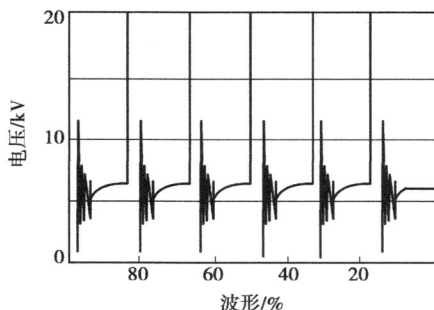

图 5-44 点火系直列波

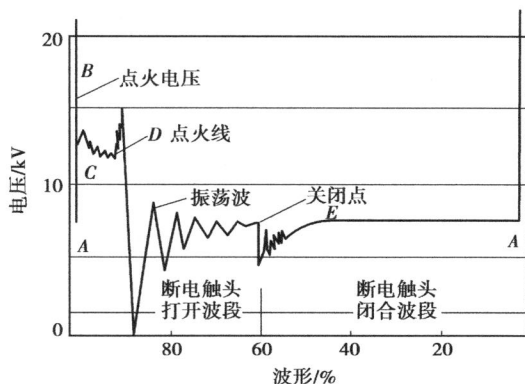

图 5-45 单缸直列波

AB 段:为触点断开、次级电压上升的阶段。*A* 点为触点断开的瞬间,*AB* 垂线表示点火线圈所产生的击穿电压。

BC 段:为电容放电阶段的电压。

CD 段:为电感放电阶段的电压。在电感放电的同时,伴随有高频震荡波的发射。

DE 段:为火花消失后剩余能量所维持的低频震荡波(第一次振荡)。

如果示波器显示的波形与标准不同,说明点火系统中出现了故障。常见的故障波形见图 5-46 所示。

第一次振荡波少,说明初级电路中的电阻过大。

第一次振荡波多,说明初级电路的电容量过大或点火系次极电路阻抗大。

第二次振荡波前出现小的多余波形,说明初级电路在接通瞬间,导通状况不够好,故出现小的多余波形。

第二次振荡波呈上下振荡形式,说明初级电路在接通瞬间有时断时通的情况,而引起电压波动。

第二次振荡波小而少,说明点火线圈的阻抗过大,将这部分振荡波吸收。

初级电路在切断之前有小的多余波形,说明初级电路中有接触不良的部位,在初级电路切断之前,出现瞬间的接触不良,引起电压波动,出现多余波形。

初级电路导通阶段出现多余波形,说明初级电路中有接触不良的部位,在初级电路导通的

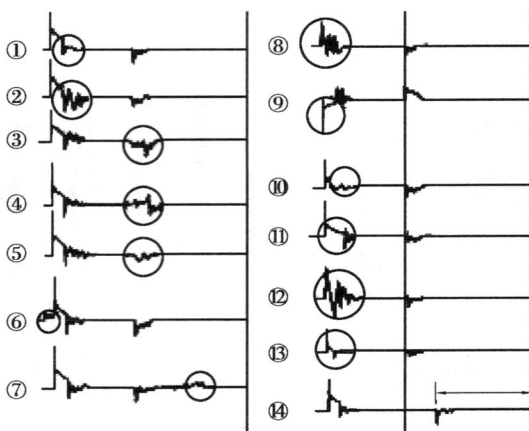

图 5-46　单缸直列波常见故障波形

时间内,由于接触不良而引起电压波动而出现多余波形。

无点火线,说明高压线接触不良。

波形上下颠倒,说明点火线圈的初级绕组的两个接线柱的导线接反。

火花电压过低而且第一次振荡波基本消失,说明火花塞短路或漏电。

点火线变长,说明火花塞间隙过大。

点火线与第一次振荡界限分不清,说明火花塞的间隙无法被击穿。

点火线变短,说明初级电流小,点火能量小。

闭合时间短,说明初级电路的闭合角小。

②重叠波

重叠波是将多缸发动机次级电压的波形重叠(首对齐并重叠成近似一个点火波形放置的排列方式)在一起。利用重叠波可以检查初级电路的闭合角,断电器凸轮的状况,各缸工作的均匀情况等。

检查时在上述单缸直列波的基础上调出各缸的直列波,并使发动机的转速保持在 1 000 r/min 左右,按下示波器的重叠波按键,调整各旋钮,使波形位于坐标刻度内。屏幕内出现的波形如图 5-47 所示。

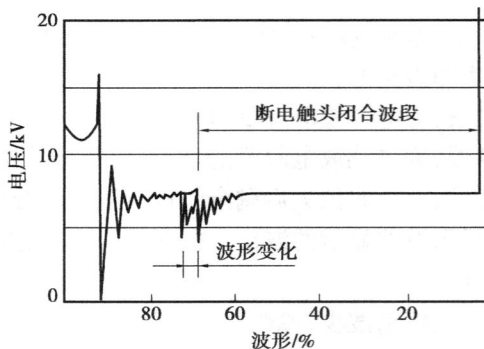

图 5-47　重叠波

在标准重叠波中,初级电路导通时间(触点闭合的时间)所占的比例,四缸发动机为45% ~50%;六缸发动机为 63% ~70%;八缸发动机为 64% ~71%。此外,要求闭合段波形的变化范围不应超过整个闭合段的 5%。

图 5-48 所示为重叠波显示的故障波形。

闭合波太短,说明断电器触点间隙过大或闭合角过小。

闭合波太长,说明断电器触点间隙过小或闭合角过大。

闭合段的变化大于 5%,说明断电器凸轮不均匀或分电器轴与铜套磨损过大等。

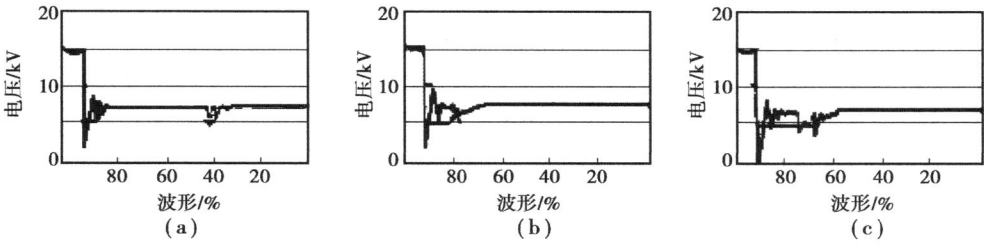

图 5-48　故障重叠波

③高压波

多缸发动机各缸的次级点火电压同时显示于屏幕,即为高压波,一般用于诊断次级电路故障。检查时,先将各缸直列波调出,发动机转速保持在1 500 r/min,按下 KV 键,调整上下、左右旋钮,把各缸波形调整到屏幕的坐标刻度上,高压波形底端与横坐标重合。高压波的标准波形见图 5-49 所示。

高压波的常见故障波形见图 5-50 所示。

各缸点火电压均过高,可能由于火花塞间隙过大或烧蚀、混合气过稀引起。

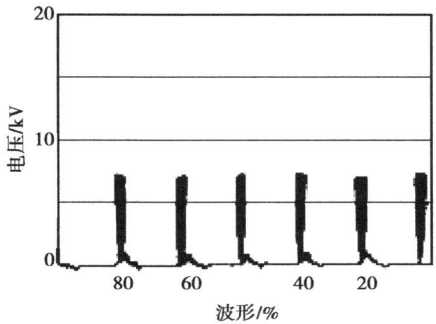

图 5-49　标准高压波

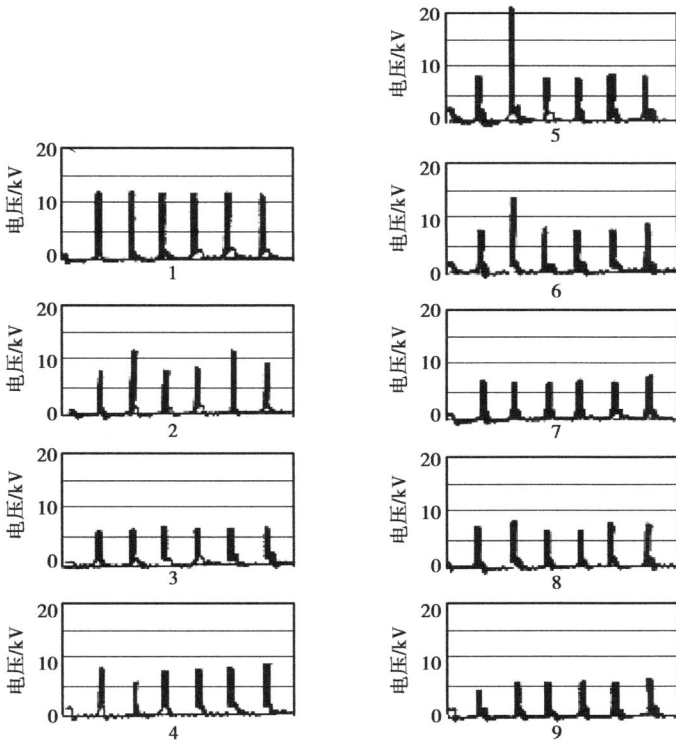

图 5-50　常见高压故障波形

个别汽缸点火电压过高,如图中的 3,4 缸,说明这两个汽缸的火花塞可能烧蚀。

全部汽缸点火电压过低,原因可能是电源电压过低,火花塞间隙过小,混合气过浓等。

个别汽缸点火电压过低,如图中的 3 缸,可能为该缸的火花塞间隙小或绝缘体损坏。

拔下某缸的高压线,电压应为 20 ~ 30 kV,否则说明高压线、分电器盖绝缘不良或点火线圈、电容器性能不良。

拔下某缸的高压线,电压低于 20 kV,说明点火线圈性能不好或分电器和高压线有漏电故障。

将发动机的转速提高到 2 500 r/min,各缸点火电压减小,保持在 5 kV 以上,说明点火系能在高速正常工作。

发动机转速升高后,个别汽缸的电压高于其他汽缸,说明该缸火花塞的间隙过大。

发动机转速升高后,个别汽缸的电压低于其他汽缸,说明该缸火花塞的间隙过小、脏污或绝缘体绝缘不良。

3)电子点火系点火波形的特点

随着电子技术的发展,现在汽车上广泛采用了电子点火系统。电子点火系统使得发动机的动力性和经济性大大提高,排放污染物值显著下降。电子点火系的点火波形与传统点火系波形正比,波形类别、波形观测方法等均相同,不同之处如下:

点火波形上低频振荡波异常时,仅表示点火线圈的技术状况不良,而不是电容器的原因,因为电子点火系中无电容器。

点火波形上闭合点处和张开点处的波形,虽然与传统点火系极为相似,但不是触点闭合和张开造成的,而是三极管或晶闸管的导通和截止电流造成的。

点火波形上波形闭合段的长度、形状与传统点火系波形不完全相同,甚至车型之间也略有差异,有的车型闭合段在发动机高速时加长,这属正常现象。

有的电子点火系当点火波形闭合段结束时,先产生一条锯齿状的上升斜线,然后导出点火线,不像传统点火系点火波形那样,随着触点打开产生一条急剧上升的点火线。

(2)点火正时的检测与校正

发动机的点火正时是非常重要的,它直接影响到汽车的动力性、燃料经济性和排气净化。检测点火正时的方法有人工法、正时灯法和缸压法等。

1)人工法

①拆下分电器盖,取下分火头,用手摇把摇转曲轴,使分电器凸轮将断电器触点完全打开,检查并调整触点间隙,使其保持在 0.35 ~ 0.45 mm 范围内。

②拆下第 1 缸火花塞,摇转曲轴,若听到从火花塞孔发出排气声,说明第 1 缸已处于压缩行程;此时应在慢摇曲轴的同时,观察正时标记并使它们对齐,然后停止摇转并抽出摇把。

③拆去分电器真空式调节器的连接管路,松开分电器壳与缸体之间的定位螺钉,有辛烷值调节器的应将其调整在"0"的位置上。

④用手握住分电器壳,先顺分火头转动方向转动一个角度,使触点闭合,然后再逆分火头转动方向转动一个角度,使触点刚刚打开。

⑤拧紧分电器壳定位螺钉,并连接好真空式调节器的管路。

⑥插上分火头,扣上分电器盖,分火头指向的插孔即为第 1 缸高压线插孔。插上第 1 缸高

压线,该线的另一端和第 1 缸火花塞连接;然后沿分火头转动方向按点火次序插上其他各缸高压线,并与对应的火花塞连接好。

⑦启动发动机并走热,进行无负荷加速试验。当突然打开节气门时,发动机应加速良好。如果加速不良,且有较严重的金属敲击声(爆震敲声缸),则为点火过早;如果加速不良且发闷,甚至排气管有"突、突"声,则为点火过迟。准确检查点火正时应进行路试。

⑧路试时,应选择平坦、坚硬的直线道路或专用跑道,走热后以最高挡最低稳定车速行驶,然后突然将加速踏板踩到底,使汽车处于急加速状态。此时,若能听到发动机有轻微的爆震声,且瞬间消失,则为点火正时正确;若爆震声强烈,且较长时间不消失,则为点火时间过早;若听不到爆震声,且加速困难,甚至排气管有"突、突"声,则为点火时间过迟。

如点火时间过早,应顺分火头的旋转方向转动分电器外壳;如点火时间过迟,则应逆分火头旋转方向转动分电器外壳。

2)正时灯法

正时灯是一种频率闪光灯,每闪光一次表示第 1 缸的火花塞发火一次,因此闪光与第 1 缸点火同步。它一般由闪光灯、传感器、中间处理环节和指示装置等组成。当正时灯对准发动机第 1 缸压缩终了上止点标记,并按实际跳火时间进行闪光时,若飞轮或曲轴传动带盘上的标记还未到达固定指针,即第 1 缸活塞还未到达压缩终了上止点。此时,可调整正时灯电位器,使闪光时机推迟至转动部分上的标记正好对准固定指针之时,那么推迟闪光的时间就是点火提前的时间,将其显示到表头上,便可读出要测的点火提前角。需要说明的是,有些表头指针的角度是分电器凸轮轴转角,对于四冲程发动机来说,换算成曲轴转角则要乘以 2。

测量时,将正时灯的电源线接到蓄电池的正负极柱上,再将传感器夹在第 1 缸分高压线上,并事先擦拭飞轮或曲轴带轮上第 1 缸压缩终了上止点标记,最好用粉笔或油漆将标记涂白。发动机怠速下稳定运转,打开正时灯并对准飞轮壳或机体前端面上的固定指针。调正时灯电位器,使飞轮或曲轴传动带盘上的标记逐渐与固定指针对齐,此时表头的读数即为发动机怠速运转时的点火提前角。

测出的点火提前角应与规定值进行对照。测完后,注意将正时灯及时关闭。

如图 5-51 所示的仪器为一发动机测试仪上的正时灯,它不仅能用闪光法测出发动机的点火提前角,而且能测出发动机转速、触点闭合角以及电压、电阻等参数。

3)用缸压法检测点火正时

用缸压法制成的点火正时仪,由缸压传感器、点火传感器、中间处理环节和指示装置等组成。如果仪器带有油压传感器,还可以检测柴油机供油提前角。国产 QFC-5 型和 WFJ-1 型等发动机综合测试仪,都带有缸压法检测点火(供油)正时的装置,其测量的基本原理

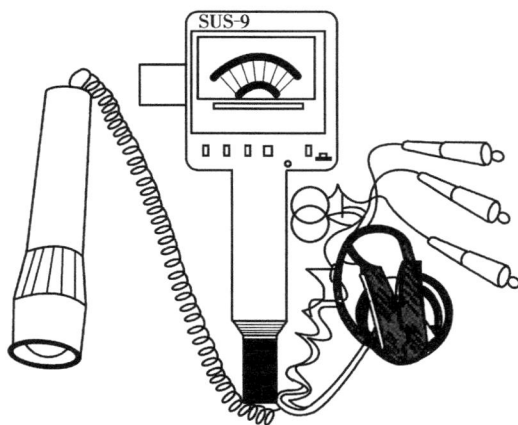

图 5-51　发动机测试仪上的正时灯

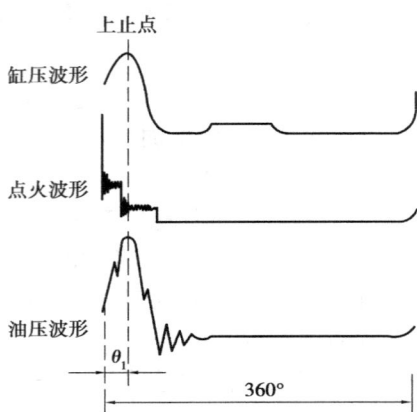

图 5-52　缸压法检测提前角的原理图

是采用缸压传感器找出某一缸压缩压力的最大点作为活塞上止点,同时用点火传感器(油压传感器)找出同一缸的点火(供油)时刻,两者之间的凸轮轴转角即为点火(供油)提前角,如图 5-52 所示。

　　用该仪器检测点火提前角时,应走热发动机,拆下任意一缸的火花塞,装上缸压传感器。在拆下的火花塞上插接点火传感器并接上原高压线,然后放置在机体上使之良好搭铁。启动发动机运转。由于被测缸不工作,因而缸压传感器采集的是汽缸压缩压力信号,其压力最大点就是活塞压缩终了上止点。拆下的火花塞虽在缸外但仍在跳火,其上的点火传感器可采集到点火开始信号。此时,通过按键或输入操作码,即可从指示装置得到怠速、规定转速或任意转速下的点火提前角及对应的转速。测得的点火提前角如不符合规定,应在正时仪监测情况下重新调整,直到符合要求。

　　缸压法和闪光法检测点火正时时,一般仅测得一个缸,一般可以认为各缸间的点火间隔是相等的,此时被测缸的点火提前角可认为是整台发动机的点火提前角。

　　4)电喷发动机点火提前角的检测

　　电控汽油喷射发动机,是由电子控制器 ECU 控制点火系统,其点火提前角包括初始点火提前角、基本点火提前角和修正点火提前角 3 部分。电控汽油喷射发动机的点火提前角一般是不可调的,但需要检测,目的是当发现点火提前角不符合要求时,进一步确定是否微处理器或传感器的存在故障。

　　电控汽油喷射发动机点火提前角的检测方法,与传统发动机相同。

5.2.4　润滑系的检测

(1)润滑系的主要部件及其检查

1)机油泵

机油泵的故障主要是机械磨损或泄漏引起的泵油压力不足,再就是限压阀的卡滞和集滤器的堵塞等。对其进行检查时应重点检查泵油能力和安装在它上面的限压阀的工作情况(在后面介绍)。

2)机油滤清器

检查时,可使发动机在油压高于 0.15 MPa 下运转 10 s 以上,然后立即熄火,此时在发动机旁若听不到细滤器转子转动的"嗡嗡"声,说明细滤器不工作。原因可能是进油单向阀卡住或滤清器杂质过多堵塞油路,需要拆卸清洗。

3)机油泵限压阀

当限压阀的弹簧过软或折断,有杂质卡在阀门处,维修时漏装弹簧或阀门(钢球)都会引起油压过低;若弹簧压力过大或由于脏堵使阀门打不开,则会使油压过高。因此维修检查时需清洗阀门组件并检查柱塞或钢球滑动的灵活性(不发卡)和弹簧的弹力。

4）其他阀门检查

机油粗滤器的旁通阀、机油细滤器的进油限压阀、机油散热器的泄油安全阀等,使用中会出现弹簧变软或折断,造成阀门关闭不严;维修时更换的弹簧压力过大,致使阀门无法打开等故障。

若机油粗滤器的旁通阀关闭不严,会使机油不经滤清器直接进入主油道,加剧发动机的磨损;若粗滤器堵塞后旁通阀不能打开,会使主油道丧失油压,产生严重的烧瓦抱轴事故。若机油细滤器的进油限压阀关闭压力太小,会使主油道油压过低;若关闭压力过大,则会使机油的细滤能力下降。若机油散热器的泄油安全阀弹簧过软、关闭不严,会使机油的散热能力下降;若弹簧过硬,油压高时不能泄油,会使机油散热器胀坏。因此,在维修时应注意检查这几个阀门,必要时更换新件。

5）机油压力表及其传感器和报警电路的检测

若发现压力表指示油压不正常或低压报警灯点亮,而用油压表检测实际油压正常,则为油压传感器的导线断路(无油压指示)或搭铁(指示油压过高);油压传感器、油压表损坏;油压报警开关短路损坏或其导线搭铁。若油压过低而报警灯不亮,则为油压报警开关断路或其导线断路、报警灯烧坏等。检查断路故障可用万用表逐点测直流电压法,检查搭铁故障可用逐点拆线法。

6）机油散热器

和冷却系作用类似,保证机油的合理温度,进而保证润滑系的正常有效循环。

(2)润滑系的故障检测诊断

发动机润滑系技术状况的好坏,通常根据润滑系的机油压力来判断,油压过高或过低都说明润滑系统有故障。为了维持发动机的正常运转,润滑系的机油压力应达到一定的值。通常,汽油机机油压力应为 0.2~0.4 MPa,低温启动时,允许到 0.45 MPa,发动机温度升高时,允许降至 0.15 MPa,而柴油机的机油压力应为 0.29~0.59 MPa。具体车型的机油压力可参考其维修手册。而影响油压的因素又是多方面的,因此,当油压不正常时,应对润滑系的各总成部件及相关因素进行认真的检查。

1）机油压力过低

故障诊断与排除方法:

a. 观察机油压力表或报警指示灯,如发现油压过低,应停车熄火检查。先拔出机油尺检查油量及品质,若油量不足,及时添加;若机油中含水或燃油,应拆检查出渗漏部位;若黏度过小,应更换合适牌号机油。

b. 若油量充足没变质,检查机油压力传感器的导线是否脱落。若连接良好,且发动机运转时,拧松机油压力传感器或主油道螺塞,机油从连接螺纹处喷出有力,则为机油压力表或传感器、连接线路故障;若喷出无力,应立即熄火,检查滤芯、旁通阀、限压阀、机油进油管、集滤器、机油泵等工作是否正常,各进出油管、油道及油堵是否漏油。

c. 若以上检查都正常,而发动机又接近大修里程,则应检查主轴承、连杆轴承、凸轮轴轴承的间隙是否过大。

2）机油压力过高

故障诊断与排除方法:

发现油压过高,应立即熄火排除故障。否则会造成冲裂滤清器、油压传感器和密封油封。

a.检查机油黏度是否太大,若黏度过大,应换为合适牌号的机油。

b.若机油压力表读数突然增高,而未见其他异常现象,应首先检查机油压力传感器上的导线是否搭铁,若搭铁,则应维修或更换导线。为了进一步确认,可接通点火开关(不启动发动机),此时若机油压力表读数即可升至很大,即为机油压力传感器上的导线有搭铁故障或传感器内部损坏。

c.若油压表指示一直偏高而非突然增高,为了确认是否油压真的偏高,可用一精确的机械式油压表连接在主油道上(机油压力传感器的连接螺纹处或主油道的螺塞处),启动发动机后观察压力表指示读数,若油压正常,则为机油压力表或其传感器及连接线路故障;若油压仍然偏高,再考虑排除润滑系的油路及相关机件故障。

d.若是装有机油细滤器的大车,此时首先应检查其进油限压阀是否卡住打不开或因污泥过多致使细滤器不工作,若是则进行针对性地维修;若无细滤器或细滤器的限压阀经维修后油压仍然偏高,则应检查限压阀(一般安装在机油泵上)是否调整不当或卡住后不能开启。若机油限压阀不能开启,在发动机高速运转时,很容易冲破机油滤清器盖上的密封垫。若是则需清洗调整机油限压阀,必要时更换。

e.若油压冲破机油滤清器盖上的密封垫,而机油压力表指示油压却很低,则为机油粗滤器的滤芯堵塞且旁通阀开启困难或缸体的主油道堵塞。应首先清洗或更换滤芯、清洗旁通阀、限压阀及缸体的油道,然后再考虑调整限压阀,只有在润滑系油路和机件均正常,而油压仍不合适时,才可考虑调整限压阀,以免掩盖其他故障隐患。

f.对于新大修的发动机,若主轴承、连杆轴承或凸轮轴轴承间隙偏小时,会引起油压偏高,但不会使油压过高,否则将导致发动机转动阻力过大不易启动。

3)机油变质

①现象

a.颜色发生明显变化,且失去黏性。

b.机油中含有水分,机油乳浊状并有泡沫。

②原因

a.活塞环漏气。

b.机油使用时间太长、未定期更换,机油因持续在高温和氧化作用下逐渐变质。

c.机油滤清器堵塞而失去滤清作用。

d.曲轴箱通风不良,机油中混杂废气中的燃油,致使机油变质。

e.发动机缸体或缸垫漏水。

③故障诊断与排除方法

a.用机油尺取几滴机油滴在中性纸上,若发黑则说明机油变质。

b.用手捻搓,有滑腻感,说明机油内混有燃油,同时应伴随车辆燃油消耗增加,动力不足。

c.若取出的机油为乳浊状且有泡沫,说明机油中进水,应查找漏水部位(前面有介绍)。

d.机油过脏,更换机油及滤芯。

(3)冷却系检测

1)压力试验

压力试验主要检查内部渗漏,一般常见的内部渗漏有汽缸垫漏气、缸盖螺栓松脱及缸盖或

缸体上有裂纹。下面介绍两种压力试验方法:

①汽缸漏气试验

依次对每个汽缸充入700 kPa压缩空气(从火花塞孔或喷油器孔向内冲气,这时活塞应处于压缩行程的上止点)。并将缸盖上的出水管拆去,若汽缸向冷却水道漏气,则冷却液中将有气泡冒出。

②冷却系密封性试验

在发动机不工作时,将50 kPa的压缩空气从散热器的放水阀导入,如果气压不降低,表示散热器加注口密封正常。启动发动机,在发动机热起后,再通入20 kPa的压缩空气,若冷却系工作正常,气压表指针应抖动,不抖动表示节温器堵塞;若气压表指针迅速上升至50 kPa,可能散热器阻塞或汽缸垫漏气。发动机熄火后,压力表指针若不立即下降,则故障属于散热器水管阻塞;若指针迅速下降,则说明汽缸垫漏气。检查时应考虑有无漏水处。

2)水泵检查

水泵工作状态不正常或叶轮打滑,或者水封泄漏,会使水泵的泵水量不能与发动机的转速成正比。

①水泵工作状态检查

打开散热器的加水口盖,使发动机缓慢加速,察看加水口内冷却液的循环,若不断加快,则水泵工作正常,叶轮也不打滑,反之,水泵则有问题;另一种方法是让发动机在冷却液温度高时熄火,迅速拆下缸盖通往散热器上水室接头的胶管,再用布团将上水室接头塞住,从加水口向散热器内加注冷却液,再启动发动机,如汽缸水套内和散热器中的冷却液被水泵泵出胶管口外200 mm左右,说明水泵工作正常,叶轮也不打滑,反之,水泵则有问题。

②水泵流量检验

水泵流量试验须在专用试验台上进行,由试验台的驱动装置带动水泵转动,观察排水量是否符合制造厂的标准或者是否有漏水现象。

3)节温器性能检查

①方法一

可将节温器放到一个带水的容器内,容器内放有温度计观察水温,用酒精灯给容器加热,观察节温器是否在规定的温度打开或关闭,从而判定其好坏。

②方法二

在冷却液温度高时熄火,拆下缸盖通往散热器上水室接头的胶管,再用布团将上水室接头塞住,从加水口向散热器内加注冷却液,再启动发动机,当冷却液温度达到80 ℃时,节温器处于开启状态,此时,应看到水从开启的节温器内泵出,发动机转速越高,泵出的水量及距离越大,高温水泵出一段时间后,向散热器内加入冷却液,节温器将随发动机的温度降低而关闭,通往散热器上水室的胶管就无冷却液泵出了。如果发动机继续运转,当水温升到80 ℃以上时,节温器重又开启。应当注意的是,不同车辆装用的节温器,其开启和关闭的温度是不一样的。

经过上述检查,若节温器到了规定的温度打不开或到了关闭的温度不能完全关闭,则需更换新件。

5.3 底盘的检测

5.3.1 传动系的检测与诊断

汽车底盘包括传动系、行驶系、转向系和制动系。汽车底盘的技术状况,直接关系到整车行驶的操纵稳定性和安全性,同时还影响发动机的动力传递和燃油消耗。

常用的汽车底盘检测设备有:离合器打滑频闪测定仪、传动系游动角度检测仪、车轮定位仪、四轮定位仪、车轮动平衡仪、悬架和转向系检测仪、悬架装置检测台等。随着科学技术的发展,这些检测设备已大量采用光、机、电一体化技术,并采用微机控制,有些还具有智能化功能或专家诊断系统。正确地使用这些检测设备,可以保证在汽车底盘的维修中获得可靠的技术数据,从而保证底盘有效的工作。

传动系包括离合器、变速器、万向传动装置、主减速器及差速器等部件,在汽车运行过程中,传动系功能会逐渐下降,出现异响、过热、漏油及乱挡等故障。对传动系及时进行检测、诊断、维修,可确保汽车正常运行和安全行驶。

在汽车不解体的情况下,使用仪器既可以检测传动系的技术参数,如滑行距离、功率消耗和游动角等,还可以对传动系的主要部件进行检测诊断,如离合器是否打滑、各部分游动角、各部分异响和变速器是否跳挡等。

(1)传动系滑行距离的检测

传动系滑行距离可在惯性式底盘测功试验台上进行检测,也可用五轮仪在道路试验中进行。测试前要求发动机运行至正常温度,当试验速度达到设定滑行初速度时,变速器置空挡,滑行到车轮停转为止,测出滑行距离和滑行时间即可。

(2)传动系功率消耗的检测

传动系功率消耗可在惯性式底盘测功试验台上进行检测。在测完驱动车轮的输出功率后,立即踏下离合器踏板,利用试验台的惯性反拖传动系运转,即可测出在一定车速下的传动系消耗功率。

(3)传动系游动角度的检测

汽车传动系游动角度常用指针式游动角度检测仪和数字式游动角度检测仪进行检测。

1)指针式游动角度检测仪及检测方法

①仪器的结构与工作原理

指针式游动角度检测仪是由指针、刻度盘、测量扳手等组成。在测量过程中,指针固定在驱动桥主动轴上,刻度盘固定在主减速器壳上,如图 5-53(a)所示。测量扳手一端带有 U 形卡嘴,以便卡在十字万向节上。为了适应多种车型,卡嘴上带有可更换的钳口。测量扳手另一端有指针和刻度盘,可指示转动扳手的转矩值,如图 5-53(b)所示。

检测传动系游动角度时,将检测扳手卡在万向节上,用不小于 30 N·m 的转矩转动,使之从一个极端位置转到另一个极端位置,刻度盘上指针转过的角度即为所测游动角度值。

②仪器的使用方法

a. 检测驱动桥的游动角度。变速器挂空挡,驻车制动器松开,驱动轮制动,将测量扳手卡

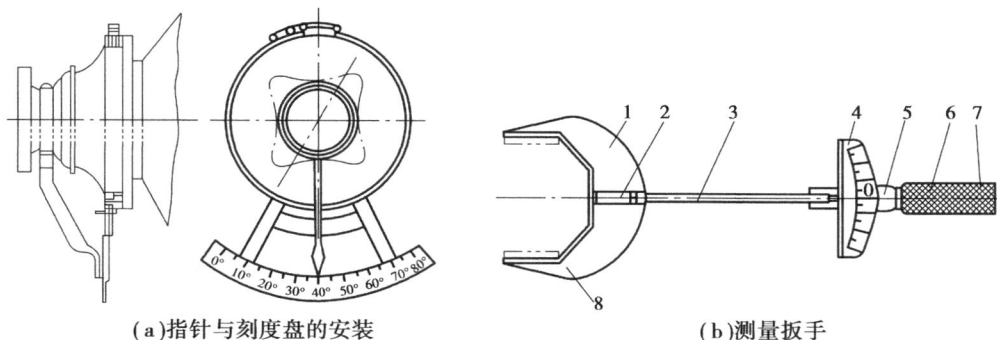

(a)指针与刻度盘的安装　　　　　　(b)测量扳手

图 5-53　指针式游动角度检测仪

1—卡嘴;2—指针座;3—指针;4—刻度盘;5—手柄;

6—手柄套筒;7—定位销;8—可换钳口

在驱动桥主动轴万向节的从动叉上,即可测得驱动桥的游动角度。

b. 检测万向传动装置的游动角度。与测驱动桥游动角度的方法基本相同,只是扳手卡在变速器后端万向节的主动叉上。此时获得的游动角度减去驱动桥的游动角度,即为万向传动装置的游动角度。

c. 检测离合器和变速器的游动角度。放松制动器,离合器处于接合状态,视必要可支起驱动桥。测量扳手仍卡在变速器后端万向节的主动叉上,依次挂入各挡,即可获得不同挡位下从离合器到变速器的游动角度。

对上述三段游动角度求和,即可获得传动系的游动角度。

2)数字式游动角度检测仪及检测方法

数字式游动角度检测仪的检测范围为 0°~30°,使用的电源为直流 12 V。

①仪器的结构与工作原理

数字式游动角度检测仪由倾角传感器和测量仪两部分组成,两者以电缆相连。

a. 倾角传感器。倾角传感器的作用是将其外壳随传动轴游动之倾斜角转换为相应频率的电振荡。传感器外壳是一个长方形的壳体,其上部开有 V 形缺口,并配有带卡扣的尼龙带,因而可方便地固定在传动轴上。传感器壳内的装置如图 5-54 所示。图中弧形线圈固定在外壳中的夹板上,弧形铁氧体磁棒通过摆杆和心轴支承在夹板的两轴承上,因此可绕心轴轴线摆动。在重力作用下,摆杆与重力方向始终保持某一夹角 α_0。当传感器外壳倾斜角度不同时,弧形线圈内弧形磁棒的长度亦随之不同,产生的

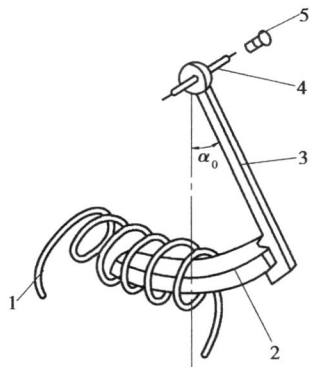

图 5-54　倾角传感器结构示意图

1—弧形线圈;2—弧形铁氧体磁棒;

3—摆杆;4—心轴;5—轴承

电感量亦不同,因而也就改变了电路的振荡频率。可见,传感器实际上是一个倾角—频率转换器。为使传感器摆动后能迅速处于平衡状态,传感器外壳内装有变压器油。

b.测量仪。测量仪是一台专用的数字式频率计,由于采用了与传感器特性相应的门时和初始置数的措施,因而能直接显示传感器的倾角。

仪器采用 PMOS 数字集成电路。由传感器送来的振荡信号经计数门进入主计数器,在置成的补数基础上累计脉冲数。计数结束后,在锁存器接收脉冲作用下,将主计数器的结果送入寄存器,并由荧光数码管将结果显示出来,将游动范围内两个极端位置的倾角读出,其差值即为游动角度。

②仪器的使用方法

将测量仪接好电源,用电缆把测量仪和传感器连接好,先按仪器使用说明书的要求对仪器进行自校,再将转换开关扳到"测量"位置上,即可进行实测。在汽车传动系统中,最便于固定倾角传感器的部位是传动轴。因此,在整个检测过程中,该传感器一直固定在传动轴上。

a.万向传动装置的游动角度。把传动轴置于驱动桥游动范围的中间位置或将驱动桥支起,拉紧驻车制动器。左、右旋转传动轴至极端位置,测量仪便直接显示出固定在传动轴上的传感倾斜角度,将两个极端位置的倾斜角度记下,其差值即为万向传动装置的游动角度。此角度不包括传动轴与驱动桥之间的万向节的游动角度。

b.离合器与变速器及各挡的游动角度。放松驻车制动器,将变速器挂入选定挡位,离合器处于接合状态,传动轴置于驱动桥游动范围中间位置或将驱动桥支起。左、右旋转传动轴至极端位置,测量仪便显示出传感器的倾斜角度。求出两极端位置倾斜角度的差值,便可得到一游动角度值。该游动角度减去已测得的万向传动装置的游动角度,即为离合器与变速器在该挡位下的游动角度。按同样方法,依次挂入各挡位,便可测得离合器与变速器各挡位下的游动角度。

c.驱动桥的游动角度。变速器置于空挡位置,松开驻车制动器,踩下制动踏板将驱动轮制动。左、右旋转传动轴至极端位置,即可测得驱动桥的游动角度。该角度包括传动轴与驱动桥之间万向节的游动角度。

对于多桥驱动的汽车,分别将传感器固定在变速器与分动器之间的传动轴、前桥传动轴、中桥传动轴和后桥传动轴上,可以检测每段传动轴的游动角度。

在测量仪上读取数值时应注意,显示的角度值在 0°～30°内有效,出现大于 30°的情况,可将固定在传动轴上的传感器适当转过一定角度。若其中一极限位置为零度,另一极限位置超过 30°,说明该段游动角度已大于 30°,超出了仪器的测量范围。

3)诊断参数标准

目前,我国尚无游动角度的诊断参数标准,根据国外资料,中型载货汽车传动系游动角度及各分段游动角度应不大于表 5-15 所列数据(仅供诊断时参考)。

表 5-15　游动角度参考数据

部　位	游动角度	部　位	游动角度
离合器与变速器	≤5°～15°	驱动桥	≤55°～65°
万向传动装置	≤5°～6°	传动系	≤65°～86°

(4)离合器打滑的检测

离合器打滑会使发动机的动力不能有效地传递到驱动轮上,并使离合器磨损加剧、过热、烧焦甚至损坏。使用离合器频闪测定仪可检测离合器是否打滑。

1)测定仪的结构与工作原理

离合器打滑频闪测定仪主要由透镜、闪光灯、电阻器、电容器、传感器和电源等组成,如图5-55所示,电源可采用汽车蓄电池。

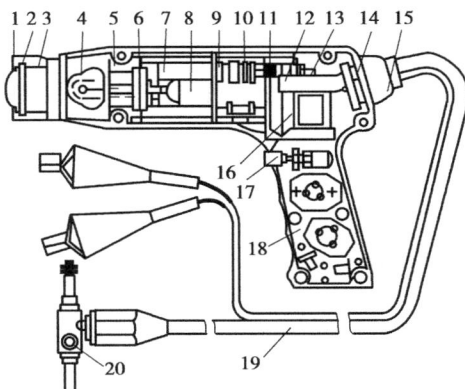

图5-55   离合器打滑频闪测定仪
1—环;2—透镜;3—框架;4—闪光灯;5—护板;6、9、11、12、18—隔板;
7—电阻器;8、10—电容器;13—二极管;14—支持器;15—座套;
16—变压器;17—开关;19—导线;20—传感接头

该仪器由发动机火花塞的高压电极输入电脉冲信号,火花塞每跳火一次,闪光灯就亮一次,闪光频率与发动机转速成正比。离合器不打滑时,传动轴上设定点会与闪亮点同步动作,传动轴似乎处于不转动状态。否则,轴上设定点转速会滞后于闪亮点动作,而说明离合器存在打滑现象。

2)测定仪的使用方法

离合器打滑的检测可以在底盘测功试验台上或车速表试验台上进行,无试验台的可支起驱动轮进行。检测时,在传动轴上作一标记点,变速器应挂入直接挡并踩下加速踏板,使车轮原地运转,必要时可给试验台滚筒增加负荷或使用行车制动器,以增加驱动轮和传动系的负荷。将闪光灯发出的光亮点投射到传动轴上的标记点。若离合器不打滑,传动轴上标记点与光亮点同步。若离合器打滑,则传动轴上标记点与光亮点不同步。

(5)自动变速器的检测

自动变速器由液力变矩器、齿轮变速系统、电子控制系统、液力控制系统和换挡执行器等组成。自动变速器是一个比较复杂的系统,且型号各异,应根据各自结构特点和故障现象进行检测与诊断。

1)自动变速器的检测

自动变速器的检测分为基础检测、失速检测、挡位检测、液压检测和道路试验等,目的是通过检测确定变速器的技术状况,找出故障原因及所在部位,采取相应的措施排除故障。

①常规检测

自动变速器的故障多是由于使用、维修不当造成的。因此首先应对自动变速器进行基本的检测与调整,既可以解决一些由维护不当引起的故障,又可以为进一步故障诊断提供有用的信息。

a. 发动机怠速时的检测。发动机处于怠速,达正常水温后,当自动变速器置于"N"位时,发动机的怠速是否在规定的范围内。若怠速过低,当变速器置于"R""D""2"或"1"位时,会使汽车产生震动,影响乘坐的舒适性,严重时会使发动机熄火。若怠速过高,则会产生换挡冲击。

b. 节气门阀拉线的检测。在自动变速器中,节气门阀拉线连接于节气门阀与发动机上的节气门,通过节气门阀的位移量变化,将发动机节气门开度信号转化成节气门的油压信号。节气门阀拉线的检测主要是检查表征发动机负荷大小的节气门开度,是否准确地反映到自动变速器内部的节气门阀处。

c. 选挡机构的检测。驾驶员通过操作选挡控制阀实现换挡。若选挡控制阀处有故障,将使自动变速器不能正常工作。

首先观察选挡机构传动杆件是否变形或有干涉,各连接处是否固定良好等。再将选挡手柄分别挂入每一个挡位,靠手柄上的感觉来判断选挡机构的工作是否正常。如手柄进入每个挡位时是否灵活自如,进入挡位后手柄位置是否正确等。

检测空挡启动开关,看发动机是否只在变速器选挡手柄处于"N"或"P"位时方可启动,以及倒车灯是否仅在选挡手柄处于"R"位时才接通,使倒车灯亮。

检测超速挡控制开关,看自动变速器超速挡是否正常。

检测强制挡开关,看传感器电路部分导线的连接是否良好,强制降挡开关安装及开关接通时的节气门开度是否正常。

d. 自动变速器油面高度的检测

检测自动变速器油面高度是否在规定范围之内。

②挡位检测

挡位检测即为检查自动变速器各个挡位的工作情况是否良好,包括手动选挡、手动换挡和前进换挡等。

③失速检测

自动变速器失速检测是在车速为零的状态下,检测发动机转速的试验。其目的是通过测取选挡手柄置于"D"位或"R"位时的失速转速,检查自动变速器和发动机的整体性能。

a. 进行失速试验之前,应确认发动机加速性能良好,变速器内的油面及油温正常,脚制动器与驻车制动器的性能良好,并用三角木等将车轮挡住,汽车的周围不应有影响安全的人或障碍物。若车上没有发动机转速表,须加装发动机转速表。

b. 试验时拉紧驻车制动器,同时将制动踏板牢牢踩到底,启动发动机,将选挡手柄拉到"D"位,迅速将加速踏板踩到最大加速位置,使发动机转速上升,当发动机转速上升到最大时,记下此时的转速即是失速转速。不同发动机、不同的液力变矩器的失速转速是不同的,但一般失速转速都为 1 500 ~ 3 000 r/min。

c. 进行失速试验时间不能过长,一般应控制在 5 s 之内,即读完数据后应马上放松加速踏板,并在完成试验后让发动机怠速运转几分钟,使变矩器产生的热量散失,然后再关闭发动机或进行下一次实验。实验时应注意倾听发动机及自动变速器内部声音的变化,在实验时随着加速踏板的踩下,发动机和变矩器会发出很大的轰鸣声,但不应该由金属撞击声和尖锐的杂音。

④电控系统元件的检测

检测电控系统线束导线及各接插件是否有短路、断路、搭铁和接触不良等问题,以及各电控元件是否损坏或失效等。电控元件的检测内容和方法根据车型不同而异,这里主要介绍一些通用的元件损坏可能引发的故障和检查方法。

a.车速传感器检测。车速传感器损坏可能使自动变速器只能以一个挡位行驶,不能升挡或不能降挡,严重时出现频繁跳挡。

首先目测传感器有无损伤变形等,然后用万用表测量传感器线圈电阻是否正常。其阻值因车型不同,一般在几百欧姆到几千欧姆之间。

b.换挡电磁阀检测。换挡电磁阀有故障会造成不能换挡。检测线圈是否短路、断路或接触不良。

c.油压控制电磁阀检测。测量电磁阀两端的电阻值,一般为 $3 \sim 5\ \Omega$。在电磁阀线圈的两端接上可调电源,改变电压,电磁阀阀芯应移动。

d.控制开关检测。自动变速器的控制开关较多,有超速开关、模式开关、挡位开关、制动开关和强制降挡开关等。一般用万用表测量两端子的通、断情况。挡位开关有多组触点,应分别测量。

e.油温传感器检测。检测油温传感器是否短路或断路,以及传感器的电阻、温度值与标准是否相符。

⑤液压检测

关闭发动机,将变速器置于"P"位置,拆下需要测试油压的接点堵头,再接上油压测试管接头,然后接上油压软管及油压表(量程为 $0 \sim 3\ MPa$)。启动发动机,使变速器处于油压被测状态,检查管接头和油管的连接是否可靠,有无漏油。待变速器的油温达到正常工作温度后,在各种工况下测试并记录油压标定数值,通过比较测量值与标准值的差异,判断系统的工作情况。

⑥道路试验

上述检测均属正常情况下,可以上路进行试验。进行道路实验前,应对汽车外观及安全项目进行检查,并对发动机润滑油和自动变速器油进行检查,使之达到要求。

道路试验一般进行如下项目的检测:

a.起步工况检测。

b.汽车加速驱动传动性能检测。

c.匀速行驶传动系性能检测。

d.大负荷高速行驶传动系性能检测。

e.汽车变速器减速滑行性能检测。

f.自动换挡检测。

g.发动机制动性能检测。

h. 强制降挡功能检测。

i. 液力变矩器锁止功能检测。

5.3.2 转向系的检测

(1)转向盘自由行程和转向阻力的检测

转向盘自由行程,是指汽车转向轮保持直线行驶位置静止不动时,转动转向盘所测得的游动角度。根据《机动车运行安全技术条件》(GB 7258—2004)的规定,最大设计车速大于或等于 100 km/h 的机动车,其转向盘的最大转动量不得大于 10°;最大设计车速小于 100 km/h 的机动车,则不得大于 15°。

转向盘的转向力,是指在一定行驶条件下,作用在转向盘外缘的圆周力。这两个参数主要用来诊断转向系中各零件的配合状况。该配合状况直接影响到汽车的操纵稳定性和行车安全。因此,对于新车和在用车都必须对其进行该两项参数的检测。

1)转向盘自由行程的检测

转向盘自由行程采用专用检测仪进行检测。简易的转向盘自由行程检测仪如图 5-56 所示,主要由刻度盘和指针组成。刻度和指针分别固定在转向盘轴管和转向盘边缘上。固定方式有机械式和磁力式两种。

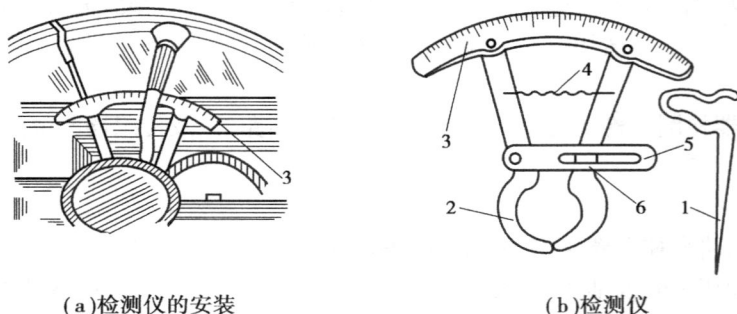

(a)检测仪的安装　　　　　　(b)检测仪

图 5-56　简易的转向盘自由行程检测仪

1—指针;2—夹盘;3—刻度盘;4—弹簧;5—连接板;6—固定螺钉

测量时,应使汽车的两转向轮处于直线行驶位置不动,轻轻向左(或向右)转动转向盘至空行程一侧的极端位置(感到有阻力),调整指针指向刻度盘零度。然后,再轻轻转动转向盘至另一侧空行程极端位置,指针所示刻度即为转向盘的自由行程。

2)转向盘转向阻力的检测

转向盘转向阻力采用转向参数测量仪或转向力角仪进行检测。国产 ZC-2 型转向参数测量仪如图 5-57 所示,是以微机为核心的智能仪器,可测得转向盘自由转动量和转向力。该仪器由操纵盘、主机箱、连接叉和定位杆 4 部分组成。操纵盘由螺钉固定在三爪底板上,底板经力矩传感器与 3 个连接叉相连,每个连接叉上都有一只可伸缩长度的活动卡爪,以便与被测转向盘相连接。主机箱为一圆形结构,固定在底板中央,其内装有口板、微机板、转角编码器、打印机、力矩传感器和电池等。定位杆从底板下伸出,经磁力座吸附在驾驶室内的仪表盘上。定位杆的内端连接有光电装置,光电装置装在主机箱内的下部。

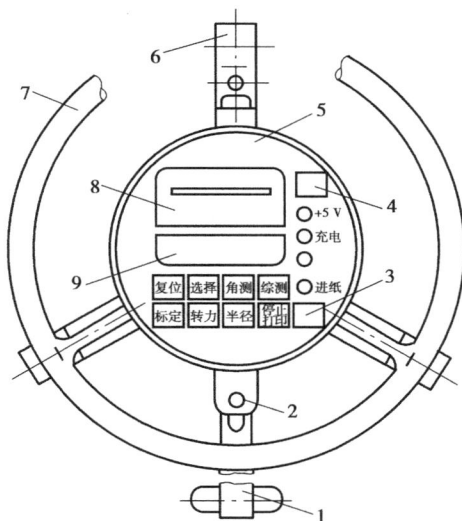

图 5-57　ZC-2 型转向参数测量仪

1—定位杆;2—固定螺钉;3—电源开关;4—电压表;5—主机箱;
6—连接叉;7—操纵盘;8—打印机;9—显示器

　　测量时,把转向参数测量仪对准被测转向盘中心,调整好 3 个连接叉上伸缩卡爪的长度,与转向盘连接并固定好。转动操纵盘,转向力通过底板、力矩传感器、连接叉传递到被测转向盘上,使转向盘转动以实现汽车转向。此时,力矩传感器将转向力矩转变成电信号,而定位杆内端连接的光电装置则将转角的变化转变成电信号。这两种电信号由微机自动完成数据采集、转角编码、运算、分析、存储、显示和打印。因此,使用该测量仪既可测得转向盘的转向力,又可测得转向盘的自由转动量。

　　转向力角仪与转向参数测量仪结构类似,一般都是具有检测转向盘转向力和转向角的功能,所以也完全可以用来检测转向盘的自由转动量。

　　(2)车轮定位的检测

　　汽车车轮定位的检测有静态检测法和动态检测法两种类型。静态检测法是在汽车停止的状态下,使用测量仪器对车轮定位进行几何角度的测量。动态检测是在汽车以一定车速行驶的状态下,用测量仪器检测车轮定位产生的侧向力或由此引起的车轮侧滑量。

　　1)静态检测方法及定位仪的类型

　　车轮定位值的静态检测法,是根据车轮旋转平面与各定位角间存在的直接或间接的几何关系,用专用的检测设备测量其是否符合规定。使用的检测设备有气泡水准式、光学式、激光式、电子式和微机式等车轮定位仪。

　　气泡水准式定位仪由于具有结构简单、价格低廉、便于携带等优点,在国内获得广泛应用,但是也有安装和测试费时费力等缺点。

　　光学式车轮定位仪一般由转盘、支架、车轮镜和投光装置等组成。投光装置(由投光器和投影屏组成)也像水准仪一样安装在支架上,支架固定在轮辋上。该定位仪利用光学投影原理,将车轮纵向旋转平面与车轮定位的关系投影到带有指示刻度的投影屏上,从而测得车轮定位值。

激光式车轮定位仪的检测原理与光学式相同,只不过采用的是激光投影系统,因而在强烈的阳光下也能清楚地从投影屏读出测量数据。

电子式车轮定位仪则是在光学式和激光式的基础上,由投影屏刻度显示转变为显示屏数字显示。

微机式车轮定位仪比以上几种车轮定位仪先进,目前国内外生产的定位仪多以这种类型为主,且一般为四轮定位仪,可同时检测前、后轮的定位参数。微机式车轮定位仪由于采用微电脑技术和精密传感测量技术,并备有完整齐全的配套附件,所以具有测量准确和操作简便等优点。它一般由微机主机、显示器、操作键盘、转盘、支架、打印机和遥控器等组成,往往制成可移动台式。它由安装在车轮上的传感器把车轮定位角的几何关系转变成电信号,送入微机分析判断,然后由显示屏显示和打印机打印输出。测试过程中,可通过操作全功能红外线遥控器,在汽车的任何位置实现远距离的测试控制。

2)气泡水准式定位仪及使用方法

①气泡水准式定位仪结构简介

气泡水准定位仪按适用车型范围分为两种,一种适用于大、中、小型汽车,另一种仅适用于小型汽车。前者一般由水准仪、支架、转盘(转角仪)等组成,后者一般由水准仪和转盘组成。

a.水准仪。如图5-58所示,水准仪也分为两种,一种适用于大、中、小型汽车,另一种仅适用小型汽车。它们均由壳体、水泡管、水泡调节装置和刻度盘等组成。适用于大、中、小型汽车的水准仪带有两个定位锁,以便插入支架中心孔固装在支架上;适用于小型汽车的水准仪带有永久磁铁和定位针,可以对准转向节枢轴中心孔吸附在轮毂的端面上,因而省去了支架。

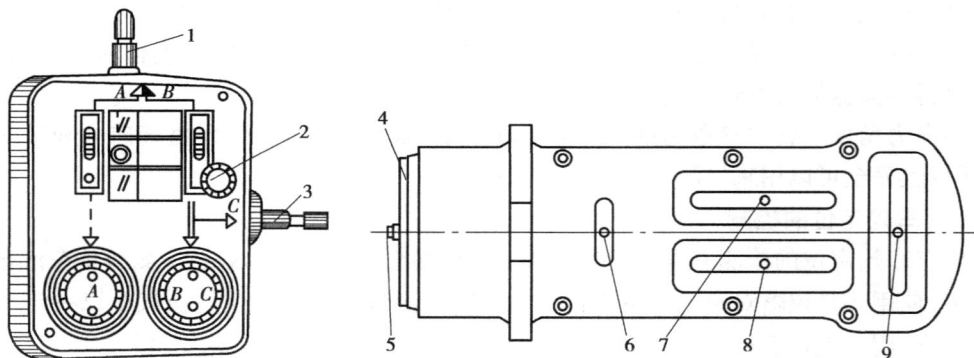

(a)适用于大、中、小型汽车的水准仪　　　　(b)适用于小型汽车的水准仪

图5-58　水准仪
1、3—定位锁;2—旋钮;4—永久磁铁;5—定位针;6—校正水平的水泡管;
7—测量主锁后倾角的水泡和;8—测量前轮外倾角的水泡管;9—测量主锁内倾角的水泡管

b.支架。支架是水准仪与轮辋之间的连接装置。支架固定在轮辋上,水准仪则插在支架的中心孔内,由锁紧螺钉锁住。支架有卡紧式和磁力式两种。

c.转盘。转盘一般由固定盘、活动盘、扇形刻度尺、游标指示针、锁止销和若干滚珠等组成。

②气泡水准式定位仪使用方法

常见气泡水准定位仪的使用方法大同小异,下面以国产 GCD-1 型光束水准仪为例介绍使用方法。GCD-1 型水准仪,除由一个水准仪、两个支架和两个转盘组成外,还配备有两个聚光器、两个标尺、两根标杆和一个踏板抵压器。聚光器在标杆配合下可测得车轮前束值,聚光器在标尺配合下可测得后轴与前轴间的平行度、后轴与车架间的垂直度及后轴与车架在水平平面的弯曲变形等。踏板抵压器可将制动踏板压住,省去人力。

a.检测前的准备。汽车技术状况汽车轮胎及气压应符合规定。车轮轮辋轴承、转向节衬套与主锁的配合符合要求。汽车制动可靠。

检测场地要求检测场地水平且平整。检测时,应保证前后车轮接地面处于同一水平面上。

汽车摆放将汽车两前轮处于直驶位置,分别放置在各自的转盘上,并使主锁中心线的延长线通过转盘中心。确定前轮直驶位置后,将转盘扇形刻度尺调整到零位,对准游动指针,然后固定。当再转动转向盘时,前轮的转角可从转盘刻度尺上读取。

支架安装先将固定支架的两个固定脚卡在轮辋适当部位,再移动活动支架,使其固定脚也卡在轮辋上,然后用活动支架的偏心卡紧机构将 3 个固定脚卡紧在轮辋上。此时,3 个固定脚的定位端面贴紧在轮辋的边缘上。松开调整支座弹性固定板的固定螺栓,使调整支座沿导轨滑动,通过特制芯棒使调整支座安装聚光器或水准仪的孔中心与前轮中心重合,然后拧紧螺栓,将调整支座固定于导轨上。经验表明,当支架中心与车轮中心偏离 2 ~ 3 mm 时,对测量结果影响甚微,故也可以目视对中,而不使用芯棒。

轮辋变形的检查及补偿将聚光器定位销轴插入支座孔中,使销轴定位端面与支座定位端面贴合,然后拧紧弹簧卡固定螺钉,使聚光器不至于从支座上滑落。顶起被测车轮,使其离开转盘,当在其圆周上施力时能自由转动。将标杆以轮辋半径 7 倍的距离放在所测车桥之前或之后的地面上,一般而言,测前轮轮辋变形量时,可把标杆放于前桥之前;测后轮轮辋时,可把标杆放在后桥之后。将聚光器通以电源,聚光器发出强光束指针,转动聚光器的调节盘,使光束指针的扇形缺口朝上,调整聚光器伸缩套筒,使光束指针清晰地指在标杆上带有刻度的标牌上,用手把持聚光器,松开弹簧卡固定螺钉,缓慢转动车轮一周,读出光束指针指示的最大值与最小值,最大值与最小值之差即为轮辋端面的摆差。当摆差大于 3 mm 时,一般认为轮辋是不合格的,应予更换。对于有摆差的车轮轮辋,为了消除对检测车轮定位角度值的影响,可转动调整支座上的滚花调节螺钉,直至光束指针指示的最大值与最小值之差在 3 mm 之内为止。轮辋的变形补偿后,将车轮放回转盘上。

b.前束值的检测。以前轮前束为例,讲述前束的检测方法。汽车两前轮放于转盘上,找正直驶位置后,在检测前束的过程中不得再转动转向盘。

调节标杆长度,使同一标杆两标牌之间的距离略大于被测轮距,并能使聚光器光束指针大致投射到标牌的中间位置。两套标杆一定要调整到等长,特别是标牌之间的距离一定要相等,否则将影响检测结果。

将已调好的两套标杆放置在被测车桥的前后两侧,并平行于该车桥。每一标杆距车轮中心的距离为车轮上规定前束测点处半径的 7 倍。车轮上规定前束测点依车型而定,有的测点在胎面中心处,有的测点在胎侧突出处,而有的测点在轮辋边缘处,检测前束应注意查阅汽车使用说明书。

先将车轮一侧聚光器的光束投向前标杆的标牌上,使光束指针指于某一整数位置上,如图5-59所示。再将该聚光器的光束向后投射到后标杆的标牌上,并平行移动后标杆使光束指针落在与前标牌同一数值上。然后,将另一侧聚光器分别向前标杆、后标杆投射光束,读出光束指针指示值,计算前束。若前标杆指示值为25 mm,后标杆指示值为28 mm,则前束值为28 − 25 =3 mm。若前标杆指示值为28 mm,后标杆指示值为25 mm,则前束值为 − 3 mm,即为负前束。

汽车后轮前束的检测方法与此相同。

c.车轮外倾角的检测。在车轮保持直驶位置不动的情况下,将水准仪黑箭头指示的定位销插入车轮上支架的中心孔内,并使水准仪在左右方向上大致处于水平状态。轻轻拧紧弹簧卡锁紧螺钉,固定水准仪,如图5-60所示。

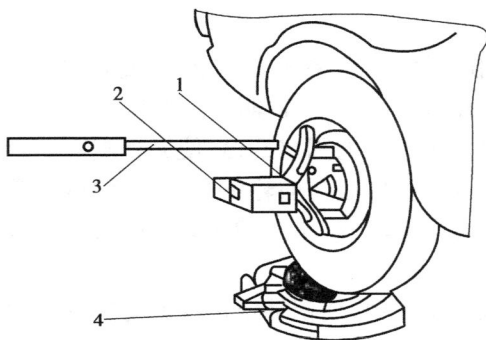

图5-59 检测车轮前束值
1—支架;2—聚光器;3—标杆;4—转盘

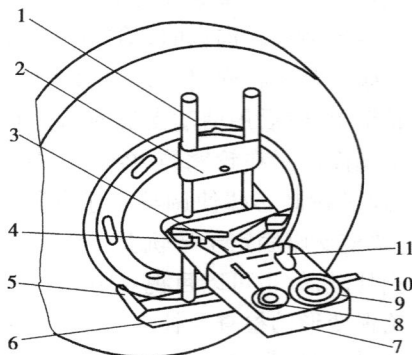

图5-60 检测车轮外倾角和主销后倾角
1—导轨;2—活动支架;3—调整支座;
4—调节螺钉;5—固定脚;6—固定支架;
7—水准仪;8—A 调节盘;
9—BC 调节盘;10—定位销;11—旋钮

转动水准仪上的A调节盘,直到对应气泡管内的气泡处于中间位置为止,然后在黑刻度盘上读出A盘红线所指角度值,该角度值即为前轮外倾角。用同样的方法可检测其他车轮的外倾角。

d. 主销后倾角的检测。前轮外倾角测定后,可不动水准仪,接着进行主销后倾角的检测。

将前轮向内转20°(左前轮向左转,右前轮向右转,下同),松开弹簧卡锁紧螺钉,使水准仪左右方向处于水平状态,然后拧紧锁紧螺钉。

转动水准仪上的BC调节盘,使其上红线与蓝、红、黄刻度盘零线重合。调整对应气泡管的旋钮,使气泡居中。

将前轮向相反方向转40°,转动BC盘使气泡管居中,在蓝盘上读出BC盘红线所示之值即为主销后倾角。

e. 主销内倾角的检测。检测前应使前轮处于制动状态,以防止转动转向盘时前轮滚动。

将红黄箭头所指的定位销插入支架中心孔内,轻轻拧紧锁紧螺钉,如图5-61所示。将被测前轮向内转20°,松开锁紧螺钉,使水准仪在左右方向上处于水平状态,然后拧紧锁紧螺钉。

转动 BC 调节盘,使其红色刻线与蓝、红、黄刻度盘零线重合。调节对应气泡管旋钮,使气泡居中。

将前轮向外转 40°,调节 BC 盘使水泡管气泡居中。此时,BC 盘红线在红刻度盘或黄刻度盘所示之值即为主销内倾角。检测左前轮时,在黄刻度盘上读数;检测右前轮时,在红刻度盘上读数。

f. 前轮最大转角的检测。前轮最大转角是指前轮处于直线行驶位置时,分别向左、右转至极限位置的角度。

前轮处于直驶位置,置转盘扇形刻度尺于零位并固定。

转动转向盘,使前轮向任一侧至极限位置,从扇形刻度尺上读出的数值,即为该侧最大转角,同理可测出转向另一侧的最大转角。

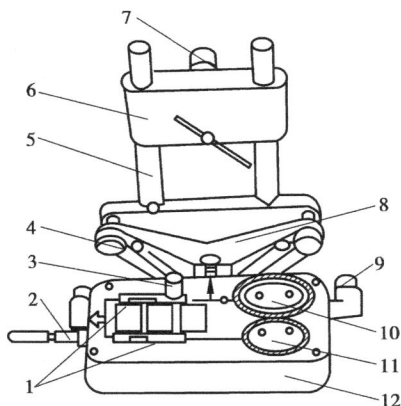

图 5-61　检测主销内倾角
1—水泡管;2—定位销;3—旋钮;4—调节螺钉;
5—导轨;6—活动支架;7、9—固定脚;8—调整支座;
10—BC 调节盘;11—A 调节盘;12—水准仪

3) 四轮定位仪及使用方法

由于汽车行驶速度越来越高,汽车的操纵稳定性对行车安全影响越来越大。有些汽车,尤其是轿车不仅具有前轮定位,还具有后轮外倾角和后轮前束等定位参数。如果能对汽车四轮定位参数进行检测,不仅能确定所有车轮定位正确与否,还能确定前轴、后轴、悬架、车架等的技术状况,为底盘不解体诊断提供可靠依据。所以四轮定位仪使用越来越广泛。

四轮定位仪是专门用来测量车轮定位参数的设备。四轮定位仪可检测的项目包括:前轮前束、前轮外倾角、主销后倾角、主销内倾角、后轮前束、后轮外倾角、轮距、轴距、推力角和左右轴距差等。

目前使用的四轮定位仪有光学式和电脑式,它们的测量原理基本是一致的,但不同类型的四轮定位仪的使用方法有一定的差异,因此应严格按使用说明书的要求和方法进行操作。

下面以电脑式四轮定位仪为例,说明四轮定位仪的使用方法。

电脑式四轮定位仪由主机、显示器、打印机、前后车轮检测传感器、传感器支架、转盘、刹车锁、转向盘锁及导线等零件构成。配有专用软件和数据光盘,可读取近 10 年来世界各地汽车四轮定位参数,且可更新。还配有数码视频图像数据库,显示检查和调整位置等。

为便于检测和调整,被检汽车需放在地沟上或举升平台上,地沟或举升平台应处于水平状态,四轮定位仪则安装在地沟两旁或举升平台上,图 5-62 是四轮定位仪安装在举升平台上的情况。

① 检测前的准备

a. 把汽车开上举升平台,托住车轮,把汽车举升 0.5 m(第一次举升)。

b. 托住车身,把汽车举升至车轮能自由转动(第二次举升)。

c. 拆下各车轮,检查轮胎磨损情况,要求各轮胎磨损基本一致。

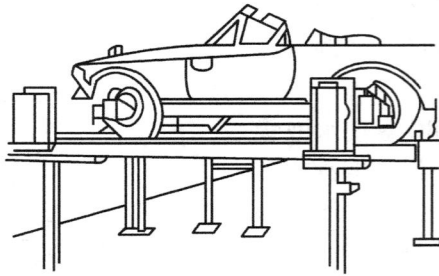

图 5-62　四轮定位仪安装在举升平台上

d. 检查轮胎气压,使其符合标准值。

e. 作车轮动平衡试验,动平衡完成后,将车轮装回车上。

f. 检查车身高度,检查车身 4 个角的高度和减振器技术状况,如车身不平应先调平,同时检查转向系统和悬架是否松旷,如松旷则应先紧固或更换零件。

②检测步骤

a. 把传感器支架安装在轮辋上,再把传感器(定位校正头)安装到支架上,并按使用说明书的规定调整。

b. 开电脑主机进入测试程序,输入被测汽车的车型和生产年份。

c. 进行轮辋变形补偿,转向盘位于直驶位置,使每个车轮旋转一周,即可把轮辋变形误差输入电脑。

d. 降下第二次举升量,使车轮落到平台上,把汽车前部和后部向下压动 4~5 次,使各部位落到实处。

e. 用刹车锁压下制动踏板,使汽车处于制动状态。

f. 将转向盘左转至电脑显示"OK",输入左转角度数;然后将转向盘右转至电脑显示"OK",输入右转角度数。

g. 将转向盘回正,电脑显示出后轮的前束及外倾角数值。

h. 调下转向盘,并用转向盘锁锁止转向盘,使之不能转动。

i. 将安装在 4 个车轮上的定位校正头的水平仪调到水平线上,此时电脑显示出转向轮的主销后倾角、主销内倾角、转向轮外倾角和前束的数值。电脑将比较各测量数值,得出"无偏差""在允许范围内"或"超出允许范围"的结论。

j. 若"超出允许范围",按电脑提示的调整方法进行针对性调整。调整后仍不能解决问题,则应更换有关零部件。

k. 再次压试汽车,将转向轮左右转动,观察屏幕上数值有无变化,若有变化应重新调整。

l. 拆下定位校正头和支架,进行路试,检查四轮定位调整的效果。

5.3.3　行驶系的检测

(1)车轮平衡度的检测

随着汽车行驶速度的不断提高,车轮不平衡越来越严重地影响着汽车行驶的平顺性、安全性和乘坐舒适性。如果车轮不平衡,在高速旋转时,会引起车轮的上下跳动和摆动,使车辆难于控制,同时还加剧轮胎和有关机件的非正常磨损和冲击。因此,车轮平衡度检测已成为汽车检测的重要项目之一。

1)车轮平衡的概念与不平衡的原因

①车轮平衡的概念

车轮的平衡可分为车轮静平衡和车轮动平衡。

a. 车轮静平衡与静不平衡。支起车轴,调整好轮毂轴承松紧度,用手轻转动车轮,使其自然停转。车轮停转后在离地最近处作一标记,然后重复上述试验多次。若车轮经几次转动自然停转后,所做标记的位置各不一样,或强迫停转后,消除外力车轮也不再转动,则车轮为静平衡。静平衡的车轮,其旋转中心与车轮中心重合。

如果每次试验的标记都停在离地最近处,则车轮为静不平衡。静不平衡的车轮,其旋转中心与车轮中心不重合。

b. 车轮动平衡与动不平衡。在图5-63(a)中,车轮是静平衡的,在该车轮旋转轴线的径向反位置上,各有一作用半径相同质量也相同的不平衡点 m_1 与 m_2,且不处于同一平面内。对于这样的车轮,其不平衡点的离心力合力为零,但离心力的合力矩不为零,转动中产生方向反复变动的力偶 M,使车轮处于动不平衡中。动不平衡的前轮绕主销摆动。如果在 m_1 与 m_2 同一作用半径的相反方向上配置相同质量 m_1' 与 m_2',则车轮处于动平衡中,如图5-63(b)所示。动平衡的车轮肯定是静平衡的,因此对车轮主要应进行动不平衡检测。

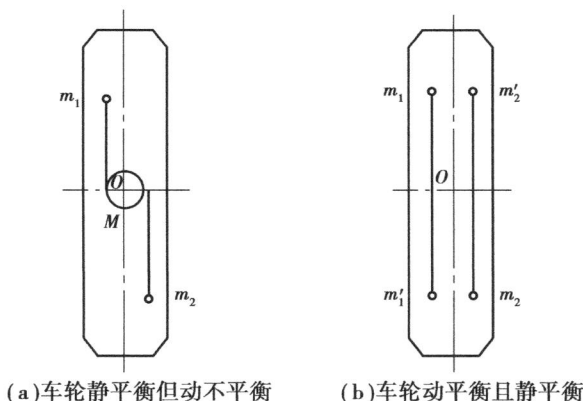

(a)车轮静平衡但动不平衡   (b)车轮动平衡且静平衡

图5-63 车轮平衡示意图

②引起车轮不平衡的原因

a. 轮毂、制动鼓(盘)加工时定心定位不准、加工误差大、非加工面铸造误差大、热处理变形、使用中变形或磨损不均。

b. 轮胎螺栓质量不等、轮辋质量分布不均或径向圆跳动、端面圆跳动太大。

c. 轮胎质量分布不均、尺寸或形状误差太大、使用中变形或磨损不均、使用翻新胎或补胎。

d. 并装双胎的充气嘴未相隔180°安装,单胎的充气嘴未与不平衡点标记(经过平衡试验的新轮胎,往往在胎侧标有红、黄、白或浅蓝色的□、△、○或◇符号,用来表示不平衡点位置)相隔180°安装。

e. 轮毂、制动鼓(盘)、轮胎螺栓、轮辋、内胎、衬带、轮胎等拆卸后重新组装成车轮时,累计的不平衡质量或形位偏差太大,破坏了原来的平衡。

2)车轮动平衡的检测及校正方法

车轮平衡机也称为车轮平衡仪,用来检测车轮的平衡度。按功能可分为车轮静平衡机和车轮动平衡机两类;按测量方式可分为离车式车轮平衡机和就车式车轮平衡机两类;按车轮平衡机转轴的形式可分为软式车轮平衡机和硬式车轮平衡机两类。

使用离车式车轮平衡机时,将车轮从车上拆下安装到车轮平衡机的转轴上检测其平衡状况。

软式车轮平衡机,安装车轮的转轴由弹性元件支承。当被测车轮不平衡时,该轴与其上的车轮一起振动,测得该振动即可获得车轮的不平衡量。硬式车轮平衡机的转轴由刚性元件支承,工作中转轴不产生振动,它是通过直接测量车轮旋转时不平衡点产生的离心力来确定不平衡量的。

凡是可以测定车轮左、右两侧的不平衡量及其相位的,可以称为二面测定式车轮平衡机。

就车式车轮平衡机既可进行静平衡试验,又可进行动平衡试验。

3)离车式车轮平衡机的结构与使用方法

①离车式车轮平衡机的结构简介

离车式车轮动平衡机如图 5-64 所示,其专用卡尺如图 5-65 所示。目前应用最多的是硬式二面测定车轮动平衡机。该动平衡机一般由驱动装置、转轴与支承装置、显示与控制装置、制动装置、机箱和车轮防护罩等组成。驱动装置一般由电动机、传动机构等组成,可驱动转轴旋转。转轴由两个滚动轴承支承,每个轴承均有一能将动反力变为电信号的传感器。转轴的外端通过锥体和大螺距螺母等固装被测车轮。驱动装置、转轴与支承装置等均装在机箱内。车轮防护罩可防止车轮旋转时其上的平衡块或花纹内夹杂物飞出伤人。制动装置可使车轮停转。

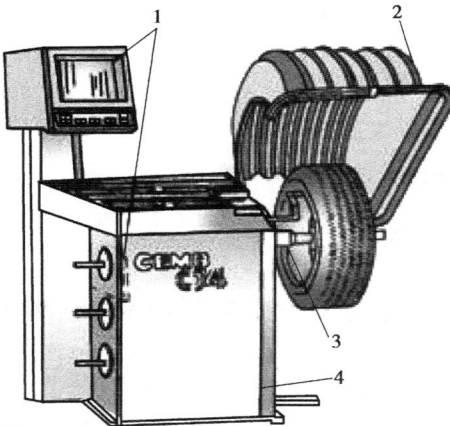

图 5-64　离车式车轮动平衡机
1—显示与控制装置;2—车轮防护罩;
3—转轴;4—机箱

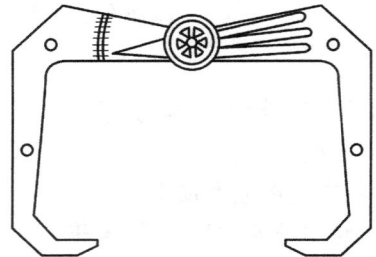

图 5-65　离车式车轮动平衡机的专用卡尺

近年来生产的车轮动平衡机,其显示与控制装置多为微机式,具有自动诊断和自动系统,能将传感器的电信号通过微机运算、分析、判断后显示出不平衡量及相位。为了使显示的不平衡量恰是轮辋边缘所加平衡块的质量,还必须将测得的轮辋直径 d、轮辋宽度 b 和轮辋边缘至平衡机机箱的距离 a(轮辋外悬尺寸),通过键盘或选择器旋扭输入微机。

②离车式车轮平衡机的使用方法

a. 清除被测车轮上的泥土、石子和旧平衡块。

b. 检查轮胎气压,视必要充至规定值。

c. 根据轮辋中心孔的大小选择锥体,仔细地装上车轮,用大螺距螺母上紧。

d. 打开电源开关,检查指示与控制装置的面板是否指示正确。

e. 用卡尺测量轮辋宽度 b、轮辋直径 d(也可由胎侧读出),用平衡机上的标尺测量轮辋边缘至机箱距离 a,用键入或选择器旋钮对准测量值的方法,将 a,b,d 直接输入指示与控制装置中。为了适应不同计量制式,平衡机上的所有标尺一般都同时标有英制和公制刻度。

f. 放下车轮防护罩,按下启动键,车轮旋转,平衡测试开始,微机自动采集数据。

g. 车轮自动停转或听到"笛"声,按下停止键并操纵制动装置使车轮停转后,从指示装置读取车轮内、外不平衡量和不平衡位置。

h. 抬起车轮防护罩,用手慢慢转动车轮。当指示装置发出指示(音响、指示灯亮、制动、显示点阵或显示检测数据等)时停止转动。在轮辋的内侧或外侧的上部(时钟 12 点位置)加装指示装置显示的该侧平衡块质量。内、外侧要分别进行,平衡块装卡要牢固。

i. 安装平衡块后有可能产生新的不平衡,应重新进行平衡试验,直至不平衡量 <5 g(0.3oz),指示装置显示"00"或"OK"时才能满意。当不平衡量相差 10 g 左右时,如能沿轮辋边缘左右移动平衡块一定角度,将可获得满意的效果。

4)就车式车轮平衡机及使用方法

①就车式车轮平衡机结构简介

使用就车式车轮平衡机,无需从车上拆下车轮,就车即可测得车轮的平衡状况。就车式车轮动平衡机一般由驱动装置、测量装置、指示与控制装置、制动装置和小车等组成,如图 5-66 所示,图 5-67 所示为工作图。驱动装置由电动机、转轮等组成,能带动支离地面的车轮转动。测量装置由传感磁头、可调支杆、底座和传感器等组成。它能将车轮不平衡量产生的振动变成电信号,送至指示与控制装置。指示与控制装置由频闪灯、不平衡度表或数字显示屏等组成。频闪灯用来指示车轮不平衡点位置,不平衡度表或数字显示屏用来指示车轮的不平衡量。不

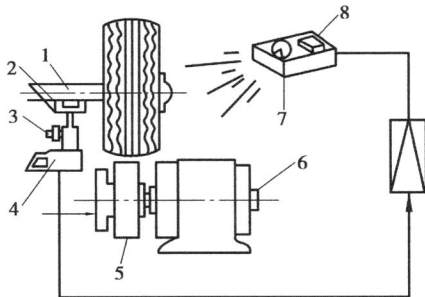

图 5-66 就车式车轮动平衡机示意图

1—转向节;2—传感磁头;3—可调支杆;4—底盘;

5—转轮;6—电动机;7—频闪灯;8—不平衡度表

平衡量,一般有两个挡位。第一挡往往用于初查时的指示,第二挡往往用于装上平衡块后复查时指示。制动装置用于车轮停转。除测量装置外,车轮动平衡机的其余装置都装在小车上,可方便地移动。

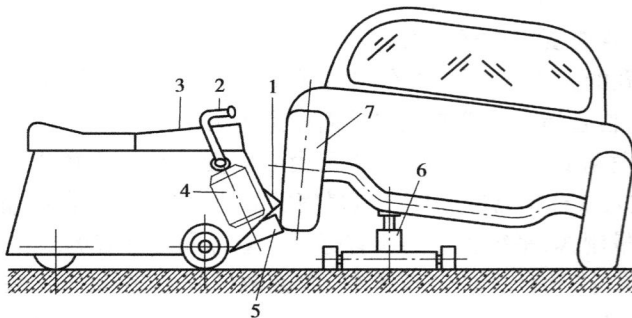

图 5-67　就车式车轮平衡机工作图
1—光电传感器;2—手柄;3—仪表板;4—驱动电机;
5—摩擦轮;6—传感器支架;7—被测车轮

②就车式车轮平衡机的使用方法

A. 准备工作

a. 用千斤顶支起车轴,两边车轮离地间隙要相等。

b. 清除被测车轮上的泥土、石子和旧平衡块。

c. 检查轮胎气压,视必要充至规定值。

d. 检查轮毂轴承是否松旷,视必要调整至规定松紧度。

e. 在轮胎外侧面任意位置上用白粉笔或白胶布做上记号。

B. 从动前轮静平衡

a. 用三角垫木塞紧非测试车轮,将就车式车轮动平衡机的测量装置推至被测前轮一端的前轴下,传感磁头吸附在悬架下或转向节下,调节可调支杆高度并锁紧。

b. 推平衡机至车轮侧面或前面(视车轮平衡机形式不同而异),检查频闪灯工作是否正常,检查转动的旋转方向能否使车轮的转动力与前进行驶时方向一致。

c. 操纵车轮动平衡机转轮与轮胎接触,启动驱动电机带动车轮旋转至规定转速。

d. 观察频闪灯照射下的轮胎标记位置,并从指示装置(第一挡)上读取不平衡量数值。

e. 操纵平衡机上的制动装置,使车轮停止转动。

f. 用手转动车轮,使其上的标记仍处在上述观察位置上,此时轮辋的最上部(时钟 12 点位置)即为加装平衡块的位置。

g. 按指示装置显示的不平衡量选择平衡块,牢固地装卡到轮辋边缘上。

h. 重新驱动车轮进行复查测试,指示装置用两挡显示。若车轮平衡度不符合要求,应调整平衡块质量和位置,直至符合平衡要求。

C. 从动前轮动平衡

a. 将传感磁头吸附在经过擦拭的制动底板边缘平整之处。

b. 操纵平衡机转轮驱动车轮旋转至规定转速,观察轮胎标记位置,读取不平衡量数值,停转车轮找平衡块加装位置,加装平衡块和复查等,方法与静平衡相同。

　　D. 驱动轮平衡

　　a. 顶起驱动车轮。

　　b. 用发动机、传动系驱动车轮,加速至 50～70 km/h 的某一转速下稳定运转。

　　c. 测试结束后,用汽车制动器使车轮停转。

　　d. 其他方法与从动轮动、静平衡测试相同。

　　5)注意事项

　　a. 离车式车轮动平衡机的主轴固定装置和就车式车轮动平衡机的支架上都装有精密的位移传感器和易碎裂的压电晶体传感器,因此严禁冲击和敲打主轴或传感器支架。

　　b. 在检修车轮动平衡机时,传感器的固定螺栓不得松动。因为这一螺栓不是一般的紧固件,需要由它向传感晶体提供必要的预紧力。当这一预紧力发生变化时,电算过程将完全失准。

　　c. 车轮动平衡机的平衡重也称配重,通常有卡夹式和粘贴式两种类型。卡夹式适用于轮辋有卷边的车轮。对于铝镁合金轮辋,因无卷边可夹,可使用粘贴式配重。粘贴式配重的外弯面有不干胶,粘贴于轮辋内各面。

　　d. 必须明确,车轮动平衡机的机械系统和电算电路都是针对正常车轮使用条件下平衡失准或轻微受损但仍能使用的车轮而设计的,对因交通事故而严重变形的轮辋或胎面大面积剥离的车轮是不能上机进行平衡检测的。一方面,不平衡量过大的车轮旋转时的离心力可能损伤车轮动平衡机的传感系统;另一方面,超值的不平衡力可能溢出电算范围而使仪器自动拒绝工作。

　　e. 当不平衡量超过最大配重时,可用两个以上配重并列使用。但这时要注意因多个配重占用较大的扇面会使其有效质量低于实际质量。

　　f. 一般情况下,离车式车轮动平衡机或就车式车轮动平衡机都是分别各自使用的。但对高速行驶的汽车车轮而言,如果用离车式车轮动平衡机平衡后再装在车上行驶时,仍会出现不平衡现象。因此,使用离车式车轮动平衡机平衡车轮后,最好能再用就车式车轮动平衡机进行校对。

　　(2)汽车悬架的检测

　　悬架装置是汽车底盘的一个重要装置,通常由弹性元件、导向装置和减振器 3 部分组成。汽车悬架系统的故障将直接影响汽车的行驶平顺性、操纵稳定性和行驶安全性。因此,悬架装置的技术状况和工作性能,对汽车整体性能有着重要影响。所以,检测悬架装置的工作性能是十分重要的。

　　汽车悬架装置工作性能的检测方法有经验法、按压车体法和试验台检测法 3 种类型。

　　经验法是通过人工外观检视的方法,主要从外部检查悬架装置的弹簧是否有裂纹,弹簧和导向装置的连接螺栓是否松动,减振器是否漏油、缺油和损坏等项目。

　　按压车体法既可以人工按压车体,也可以用试验台的动力按压车体。按压使车体上下运动,观察悬架装置减振器和各部件的工作情况,凭经验判断是否需要更换或修理减振器和其他部件。

　　检测台能快速检测、诊断悬架装置工作性能,并能进行定量分析。根据激振方式不同,悬

汽车维修质量检验

架装置检测台可分为跌落式和共振式两种类型。其中,共振式悬架装置检测台根据检测参数的不同,又可分为测力式和测位移式两种类型。

1)悬架检测台的结构与工作原理

①悬架装置检测台的工作原理

a.跌落式悬架装置检测台。测试中,先通过举升装置将汽车升起一定高度,然后突然松开支撑机构,车辆落下产生自由振动。用测量装置测量车体振幅或者用压力传感器测量车轮对台面的冲击压力,对振幅或压力分析处理后,评价汽车悬架装置的工作性能。

b.共振式悬架装置检测台。如图 5-68 所示,通过试验台的电动机、偏心轮、蓄能飞轮和弹簧组成的激振器,迫使试验台台面及其上被检汽车悬架装置产生振动。在开机数秒后断开电机电源,从而由蓄能飞轮产生扫频激振。由于电机的频率比车轮固有频率高,因此蓄能飞轮逐渐降速的扫频激振过程总可以扫到车轮固有振动频率处,从而使台面—汽车系统产生共振。通过检测激振后振动衰减过程中力或位移的振动曲线,求出频率和衰减特性,便可判断悬架装置减振器的工作性能。

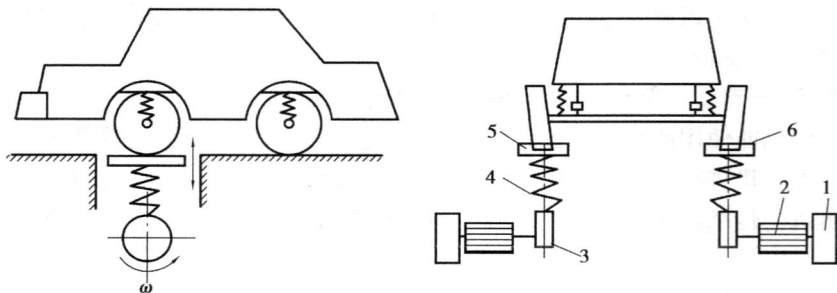

图 5-68 共振式悬架检测台
1—蓄能飞轮;2—电动机;3—偏心轮;4—激振弹簧;5—台面;6—测量装置

测力式悬架装置检测台和测位移式悬架装置检测台,一个是测振动衰减过程中的力,另一个是测振动衰减过程中的位移量,它们的结构如图 5-69 所示。由于共振式悬架装置检测台性能稳定、数据可靠,因此应用广泛。

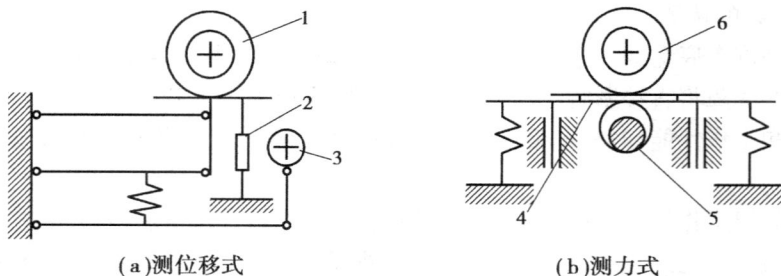

(a)测位移式　　　　　　　(b)测力式

图 5-69 测力式和测位移式悬架检测台结构
1、6—车轮;2—位移传感器;3—偏心轮;4—力传感器;5—偏心轴

②共振式悬架装置检测台的结构

共振式悬架装置检测台一般由机械部分和电子电器控制部分组成。

a.机械部分。共振式悬架装置检测台的机械部分,由箱体和左右两套相同的振动系统构

132

成,结构如图 5-70 所示。每套振动系统由上摆臂、中摆臂、下摆臂、支承台面、激振弹簧、驱动电机、蓄能飞轮和传感器等构成。传感器一端固定在箱体上,另一端固定在台面上。

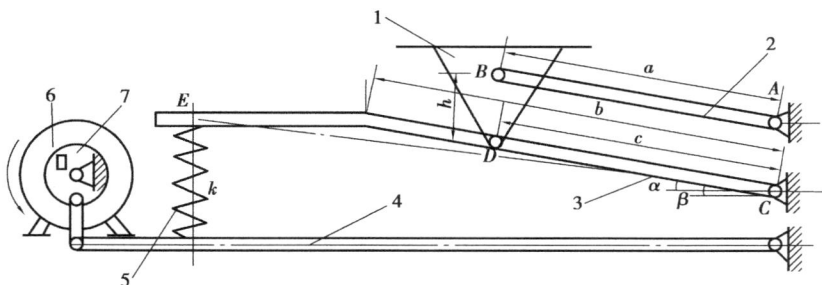

图 5-70　共振式悬架检测台单轮支承结构简图
1—支承台面;2—上摆臂;3—中摆臂;4—下摆臂;
5—激振弹簧;6—驱动电机;7—偏心惯性结构

上摆臂、中摆臂和下摆臂通过 3 个摆臂轴和 6 个轴承安装在箱体上。上摆臂和中摆臂与支承台面连接,并构成平行四边形的四连杆机构,以保证上下运动时能平行移动,以及台面受载时始终保持水平。中摆臂和下摆臂端部之间装有弹簧。

驱动电机的一端装有蓄能飞轮,另一端装有凸缘,凸缘上有偏心轴。连接杆一端通过轴承和偏心轴连接,另一端和下摆臂端部连接。

检测时,将汽车驶上支承平台,启动测试程序,驱动电机带动偏心机构使整个台面—汽车系统振动。激振数秒钟达到角频率为 ω_0 的稳定强迫振动后,断开驱动电机电源,接着由蓄能飞轮以起始频率为 ω_0 的角频率进行扫频激振。由于停在台面上车轮的固有频率处于 ω_0 和 0 之间,因此蓄能飞轮的扫频激振总能使台面—汽车系统产生共振。断开驱动电机电源的同时,启动采样测试装置,记录数据和波形,然后进行分析、处理和评价。

b. 电子电器控制部分。共振式悬架装置检测台电子电器控制部分,主要由微机、传感器、A/D 转换器、电磁继电器及控制软件等组成。控制软件是悬架装置试验台电子电器控制部分与机械部分联系的桥梁。软件不仅实现对悬架装置试验台测试过程的控制,同时也对悬架装置试验台所采集的数据进行分析和处理,并最终将检测结果显示和打印出来。

③用检测台检测悬架特性的方法

a. 汽车轮胎规格、气压应符合规定值,车辆空载,不乘人。

b. 将车辆每轴车轮驶上悬架检测台,使轮胎位于台面的中央位置,驾驶员离车。

c. 启动检测台,使激振器迫使汽车悬挂产生振动,使振动频率增加至超过振荡的共振频率。

d. 在共振点过后,将激振源关断,振动频率减少,并将通过共振点。

e. 记录衰减振动曲线,纵坐标为动态轮荷,横坐标为时间,测量共振时动态轮荷。计算并显示动态轮荷与静态轮荷的百分比及其同轴左右轮百分比的差值。

2)悬架装置工作性能的诊断标准

《营运车辆综合性能要求和检验方法》(GB 18565—2001)中规定:对于最大设计车速≥100 km/h、轴载质量≤1 500 kg 的载客汽车,应用悬架检测台按规定的方法检测悬架特性,受检车辆的车轮在受外界激励振动下测得的吸收率,即被测汽车共振时的最小动态车轮垂直载荷与静态车轮垂直载荷的百分比值(又称车轮接地性指数),应不小于40%,同轴左右轮吸收率之差不得大于15%。

车轮接地性指数可以表征悬架装置的工作性能,车轮接地性指数表明了悬架装置在汽车行驶中确保车轮与路面相接触的最小能力。汽车行驶中,所有车轮的接地性指数是不一样的,这是因为各轮悬架装置工作性能不一、各轮承受载荷不一、各轮气压不一等原因造成的。如果在检测台上,人为使各轮承受的载荷和轮胎气压一致,那么,车轮接地性指数就主要决定于悬架装置的工作性能。因此,完全可以用车轮接地性指数评价悬架装置的工作性能。

在欧美一些国家,悬架装置检测台已被广泛应用在检测汽车悬架装置工作性能上。欧洲使用的悬架装置检测台主要的生产厂家有德国的 HOFMANN 公司和意大利的 CEMB 公司等。他们生产的悬架检测台在检测中,悬架检测台台板连同其上的被检汽车按正弦规律作垂直振动,激振振幅固定而频率变化。力传感器感应到车轮作用到台板上的垂直作用力,并将力信号存入存储器。当对全车所有车轮悬架装置检测完后,微机将力信号进行分析和处理,便可获得车轮的接地性指数。

欧洲减振器制造协会(EUSAMA)推荐的评价车轮接地性指数的参考标准如表5-16所示,可供我国检测悬架装置工作性能时参考。

表5-16 车轮接地性指数参考标准

车轮接地性指数/%	车轮接地状态	车轮接地性指数/%	车轮接地状态
60~100	优	20~30	差
45~60	良	1~20	很差
30~45	一般	0	车轮与路面

知识能力训练

一、填空题

1.整车检测与诊断的内容包括:_____、_____、_____、_____、_____。

2.汽车底盘测功机主要由_____、_____、_____及_____组成。

3.汽车排气的污染物,主要是_____、_____及_____和其他有害物质组成。

4.车速试验台由_____、_____、_____及_____组成。

5.噪声的测量方法有_____、_____、_____及

_____。

二、问答题

1.汽车检测的含义、目的以及方法和内容是什么?

2.说明前照灯检验仪器的检验原理? 前照灯检验指标有哪些?

3.整车检测有哪些内容?

4.简述排气系统主要检测部件工作原理。

5.简述喷油器的检查内容和方法。

6.电动变速箱器检测与诊断原则是什么?

7.什么叫做转向盘自由转动量? 怎样测量?

8.点火次级高压波形的显示方法有哪几种?

9.空调系统的故障诊断从哪几方面入手、分析?

10.空调系统制冷不足的故障现象、原因有哪些? 怎样进行诊断、排除?

学习情境6 汽车维修质量问题处理

知识目标

1. 掌握《汽车维修质量纠纷调解办法》的内容。
2. 通过学习,懂得汽车维修质量问题的认定及纠纷调解的程序和方法。

技能目标

1. 掌握《汽车维修质量纠纷调解办法》的内容。
2. 懂得汽车维修质量问题的认定及纠纷调解的程序和方法。

6.1 汽车维修质量问题的认定

由于近几年汽车的保有量的迅猛增加,维修企业的数量也越来越多,不少汽车维修企业技术和管理水平偏低,导致维修质量问题呈上升趋势。因此,维修质量问题的种类和责任认定知识作为维修企业的质检人员应该了解掌握,对承托修双方都非常有利。

(1)汽车维修质量纠纷的特征

汽车维修质量纠纷是指在车辆维修出厂后质量保证期内或汽车维修合同约定期内,因车辆出现机件故障,承托修双方对此事故是否由维修质量问题引起而出现的严重意见分歧。

汽车维修质量纠纷虽然是在维修经营过程中发生,包含着服务质量承诺履行的法律责任问题,可以用法律手段仲裁解决,但真正处理得当,更重要的是对车辆机件事故进行科学鉴定,使事故责任能得到合理的划分。

(2)汽车维修质量纠纷调解的职能和要求

为使汽车维修质量纠纷在行业内得到及时的化解,保障承托双方当事人的合法权益,有效地维护汽车维修业的正常秩序,促进汽车维修质量的不断提高树立良好的社会形象。

交通部依据《中华人民共和国质量法》和《汽车维修质量管理办法》等行业管理规章,组织制定了《汽车维修质量纠纷调解办法》,于1998年6月发布,自1998年9月1日起实施。

(3)汽车维修质量问题的认定

对于汽车在维修过程中出现的维修质量问题要通过技术分析和鉴定予以确认。这种技术分析和鉴定必须由各级道路运政机构组织有关人员和委托有质量鉴定资格的汽车综合性能检测站进行。参与技术分析和鉴定工作的人员必须经道路运政机构审定并聘用。参加鉴定人员不得少于两人。

技术分析和鉴定人员依据现场拆检记录、汽车维修原始记录和《汽车维修合同》、车辆使用情况以及其他有关证据,分析原因,作出结论。并填写《汽车现场拆检记录》表与《技术分析和鉴定意见书》。

(4)汽车维修质量问题纠纷的解决程序

①当发生车辆维修质量问题,一般采取纠纷调解的办法进行;

②不愿意协商或者协商不成,当事人各方可向当地道路运政机构申请调解,申请调解方(当事人)应如实填写《汽车维修质量纠纷调解申请书》。道路运政机构应在接到申请书后的五个工作日内根据规定作出是否同意受理的答复意见。

若同意受理,道路运政机构将申请书自接到后十个工作日转送另一当事人;若不同意受理,应接到申请书后或另一当事人不愿调解的答复后的五个工作日内通知申请方。

(5)维修质量问题纠纷的解决程序

在质量保证期内,托修方遇有汽车维修质量问题或者发生机件事故,应首先与承修方协商解决。不愿协商或协商不成,当事人各方可向当地道路运政机构申请调解。

在申请调解时应提供下列资料:

①申请调解方(当事单位或人)的名称,法定代表人的姓名、单位、地址、电话;

②当事人的名称、单位、地址、电话;

③纠纷的详细经过及申请调解的理由与要求的书面报告;

④汽车维修合同、车辆竣工出厂合格证、汽车维修费用结算凭证等其他必要的资料。

6.2　汽车维修质量问题的处理方法

汽车维修质量问题是一个社会性问题,对于汽车使用消费的特殊群体而言,如何解决好在汽车维修过程中存在的质量问题,对于汽车维修行业的发展起着不可忽视的作用。在解决和预防汽车维修质量问题方面,有不少的维修企业依据国家的相关法律法规,结合本企业的实际情况创造一些好的做法,保护了汽车维修与使用消费者的合法权益。

(1)解决汽车维修质量服务投诉的三大原则

1)实事求是的原则

汽车车主应本着实际存在的质量和服务问题进行投诉并提出相应的要求。

2)解决问题的原则

以解决问题的初衷来看待投诉,车主投诉的目的是为了尽快解决问题,而不是故意刁难汽车维修企业,所以车主在遇到汽车质量与服务方面的问题时应直接填写投诉表格。

3)换位思考的原则

在处理投诉问题时,要站在客户的角度,设身处地的看待客户的处境,正确了解客户的感受和情绪,客观地理解客户的内心感受,且把这种理解与客户进行沟通,目的是要做到让客户感受到我们的重视程度,并且时刻在理解、关怀他们。

(2)解决汽车维修质量问题要坚持四化一回的措施

1)受理投诉专业化

受理汽车维修质量问题投诉既涉及多方面的专业技术问题,也涉及多项政策法规,是一项政策性、技术性很强的工作。

2）解决投诉网络化

在接到车主投诉后,应及时与车主核实,并以电子邮件的方式传达给企业,由企业的相关部门与车主联系,给予解决。

3）分析投诉网络化

科学管理要用数据加以佐证。要对投诉单进行分析编码。

4）使用提示科学化

在解决投诉的过程中,也发现有些投诉是因为车主对汽车知识了解不多而引起的。比如耗油量的问题,有些车主提出自己的车实际油耗大于标定油耗,产生疑问。

5）要求企业解决投诉定期回复的措施

投诉负责部门将收到的投诉以电子邮件的方式发给企业相关部门,企业给予收到回复。

（3）汽车维修质量管理应适应新时期的需要

长期以来,为了维护行业形象,保证汽车维修质量,汽车维修行业主管部门采取:建立健全质量管理制度和管理体系、明确质量管理责任和考核指标,建立维修质量监督检验站,加强人员技术培训等维修质量管理手段,取得了良好的效果,促进了行业的健康发展。

（4）强化企业质量管理,减少质量纠纷

根据对新时期汽车及维修技术发展的特点,车辆维修质量控制的内涵将发生变化,其质量监督管理的控制方式也应有所变化,要从以下几个方面有所改进:

①质量检验标准应作相应修改。

②质量管理的重点应有所调整。

③维修质量管理方式应更加适应市场经济发展的需要。

（5）案例处理分析

1）一起发动机漏水质量纠纷的调解

①纠纷概况

②调查与分析

③分析意见与纠纷处理

④应吸取的教训

2）如何才能避免汽车维修纠纷

①车主应熟读《汽车使用手册》

②车主要与维修人员充分沟通

③签订并保留好必要的单据

3）修车用什么材料车主自己说了算

4）规范化服务是降低维修质量纠纷的有效方法

6.3　汽车维修质量纠纷调解办法

第一章　总则

第一条　为维护汽车维修业的正常秩序,保障承、托修双方当事人合法权益,规范汽车维护质量纠纷调解工作,依据国家有关规定和《汽车维修质量管理办法》及有关汽车维修行业管理法规,制定本办法。

第二条　县级以上地方人民政府交通行政主管部门所属道路运政机构依据本办法负责纠纷调解工作。纠纷双方所在地不在同一行政区的,由承修方所在地道路运政机构负责。

第三条　汽车维修质量纠纷调解系指在汽车维修质量保证期内或汽车维修合同约定期内,汽车维修业户与托修方因维修竣工出厂车辆的维修质量生产纠纷,双方自愿向道路运政机构申请进行的调解。

第四条　汽车维修质量纠纷(以下简称纠纷)调解,应坚持自愿、公平的原则。道路运政机构进行调解应当公开,做到依据事实、查明原因、分清责任、公开调解、公平负担。

第二章　纠纷调解申请的受理

第五条　纠纷调解的范围是在汽车维修质量保证期内或汽车维修合同约定期内当事人双方所发生的争执。在质量保证期内,托修方遇有汽车维修质量问题或者发生机件事故,应首先与承修方协商解决。不愿协商或协商不成,当事人各方可向当地道路运政机构申请调解。

第六条　申请调解应提供下列资料:

(一)申请调解方(当事单位或人)的名称,法定代表人的姓名、单位、地址、电话;

(二)当事人的名称、单位、地址、电话;

(三)纠纷的详细经过及申请调解的理由与要求的书面报告;

(四)汽车维修合同、车辆竣工出厂合格证、汽车维修费用结算凭证等其他必要的资料。

第七条　申请调解方(当事人)应如实填写《汽车维修质量纠纷调解申请书》(附件一)。道路运政机构应在接到申请书后的五个工作日内根据本办法第五条规定作出是否同意受理的答复意见。

同意受理的,道路运政机构应将《汽车维修质量纠纷调解申请书》自接到申请书后十个工作日内转送另一当事方。另一当事方同意调解的,应在自送达之日起五个工作日内就申请书所涉及的内容写出书面答辩材料,并作好参加调解准备。另一当事方不同意调解的应及时表明态度,道路运政机构则不予受理的程序处理。

道路运政机构不受理调解的,应在自接到申请书后或另一当事人不愿调解的答复后的五个工作日内,通知申请方。

第八条　参加调解的纠纷双方当事人均有举证责任,并对举证事实负责。

第九条　纠纷双方当事人均有保护当事车辆原始状态的义务。拆检车辆有关部位时,当事双方必须同时在场,一致证实拆检情况。

第十条　托修方或驾驶操作人员认为维修质量造成车辆异常,应保护好车辆原始状态并找承修方进行拆检。如承修方拒绝派人或事故现场不在本地的,托修方可向车辆停驶地道路运政机构提出拆检申请。

车辆停驶地道运政机构接到拆检申请后,应及时组织拆检,填写《汽车现场拆检记录》(附件二)。并及时将车辆现场拆检记录与有关证据送达承修方所在地道路运政机构。

第三章　技术分析和鉴定

第十一条　技术分析和鉴定由各级道路运政机构组织有关人员或委托有质量检测资格的汽车综合性能检测站进行。参与技术分析和鉴定工作的人员必须经道路运政机构审定并聘用。参加鉴定人员不得少于两人。

第十二条　技术分析和鉴定人员应依据现场拆检记录、汽车维修原始记录和《汽车维修合同》、车辆使用情况以及其他有关证据,分析原因,作出结论,并填写《技术分析和鉴定意见书》(附件三)。

第十三条　技术分析和鉴定是进行纠纷调解的基本依据,出具技术分析和鉴定的部门应对所做的结论负责。

第十四条　技术分析和鉴定的费用按照国家有关规定执行。需要作专项试验分析鉴定的,其费用按当地物价部门规定的收费标准执行。

第四章　责任认定

第十五条　承修方不按技术标准、有关技术资料和维修操作工艺规程维修车辆或不按使用说明规定选用配件、油料所引起的质量责任由承修方负责。

承修方因装配使用有质量问题的配件、油料或装配使用托修方自带配件、油料且未在维修合同中明确责任的,所引起的质量责任由承修方负责。

第十六条　承修方在进行总成大修、小修和二级维护作业时,未对所装(拆)配件进行鉴定或虽发现相关配件质量不符合技术要求但未与托修方签订责任协议,在质量保证期内确因该零部件质量引起的质量事故由承修方负责。

汽车维修合同中另有约定的按合同规定的责任确定。

第十七条　因托修方违反驾驶操作规程和车辆使用、维护规定而引起的质量责任,由托修方负责。

第五章　纠纷调解

第十八条　调解员由道路运政机构专业人员担任。调解员应熟悉业务,实事求是,公正廉洁。

调解应以公开方式进行。

第十九条　当事各方应对调解过程中出示的证据进行质证。

第二十条　调解员根据有关技术标准和资料、技术分析和鉴定意见书及当事方的陈述、质证、辩论,分析事故原因,确定纠纷双方应负责任,调解各方应承担的经济损失。

第二十一条　经济损失应由责任人按过失比例承担。

对不能修复或没有修复价值的零部件按车辆折旧率和市场价格计算价值。

第二十二条　经济损失主要指直接经济损失,包括:

(一)在质量事故中直接损失机件、燃润料及其他车用液体、气体、材料;

(二)返修工时费、材料费、材料管理费、辅助材料费、委外加工费、检测费。

第二十三条　道路运政机构在调解维修质量纠纷的过程中,如遇到下列情形之一,应向当事人双方宣布终止调解。

(一)当事人双方对技术分析和鉴定存有异议;

(二)受条件所限,不能出具技术分析和鉴定意见书;

(三)案件已由仲裁机构或法院受理。

第二十四条　向道路运政机构申请调解的质量纠纷,当事人中途不愿调解的,应向道路运政机构递交撤销调解的书面申请,并通知对方当事人,调解随即终止。

第二十五条　经调解达到协议的,道路运政机构应填写《汽车维修质量纠纷调解协议书》

（附件四），调解协议书由双方当事人共同签字，并经道路运政机构盖印确认，调解协议书应交当事人各持一份，道路运政机构留存一份。调解即告结束。

第二十六条　质量纠纷调解过程中拆检、技术分析和鉴定的费用由责任方按照责任比例承担。

质量纠纷已经受理并在调解过程中，一方提出不愿调解，应由其负担调解过程已发生的全部费用。

第二十七条　调解达成协议的，当事人各方应当自动履行。达成协议后当事人反悔的或逾期不履行协议的，视为调解不成。

第二十八条　如经调解不能达成协议或调解达成协议后，一方不履行协议，有关当事方可依法提请仲裁机构仲裁或向人民法院提起民事诉讼。

第二十九条　调解结束后，调解员应对处理纠纷过程中的有关资料进行整理，由道路运政机构归档。

第六章　附则

第三十条　摩托车、特种车辆及其他机动车辆的维修质量纠纷调解参照本办法执行。

第三十一条　本办法由交通部负责解释。

第三十二条　本办法自 1998 年 9 月 1 日起施行。

附件一　汽车维修质量纠纷调解申请书

编号×××××××

申请单位(人)					
地址				电话	
另一方当事单位（人）					
地址				电话	
维修车型厂牌		送修人		接车人	
进厂日期		年　月　日		出厂日期	年　月　日
出厂行驶里程或时间					
维修类别及主要项目					

修理费用			车辆进出厂有关手续		
工时费	材料费用	其他费用	汽车维修合同编号	竣工出厂合格证编号	质保期限

申请调解纠纷主要问题及有关证明材料

申请单位(人)签字：

年　月　日

记录人：

如版面不够,请另附纸张。（后同）

注:1. 此表由投诉方填写;

　　2. 此表一式三份,其中一份由道路运政机构负责在十个工作日内送达另一方当事人。

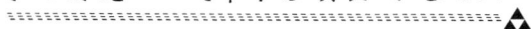

附件二 汽车现场拆检记录

拆检目的			
参加人员（签名）		申请拆检人	
受理拆检单位			
时间		地点	
拆检照片及其他证明资料			
记录	拆检部位、机械损害情况、发现异常情况、拆检情况和结论记录： 受理拆检单位公章： 负责人（签字）： 　年　　月　　日		

记录人：

附件三　技术分析和鉴定意见书

组织鉴定单位	
鉴定要求及目的	
鉴定意见	鉴定技术负责人： 年　月　日

鉴定人员名单	姓　名	工作单位	从事职业	职称职务	签　名

附件四　汽车维修质量纠纷调解协议书

（　　）调字[　　]号

调查鉴定结果	鉴定人员（签名）： 　　年　　月　　日	
调解意见	双方经协商议定（内容包括：车辆返修时限、经济损失承担兑现时间、方式）并一致同意自本协议书签字之日起　　　　　日内互相结清。承修方要积极创造条件使车辆早日运行。 调解单位：道路运政机构公章： 负责人（签名） 　　年　　月　　日	
当事单位意见	负责人（签名）： 　　年　　月　　日	当事单位另一方意见
		负责人（签名）： 　　年　　月　　日

注：此表一式三份纠纷双方、道路运政机构各执一份。

知识能力训练

一、回答题

1. 如何才能避免汽车维修纠纷?

2. 当发生维修质量问题纠纷时需申请调解应提供哪些材料?

二、论述题

在新时期采用哪些有效手段才能加强汽车维修质量的管理?

附　录

附录 A　与汽车维修质量检验人员相关的
质量管理规章和相关法律、法规

A1　相关的法律

中华人民共和国产品质量法
中华人民共和国计量法
中华人民共和国标准化法
中华人民共和国合同法
中华人民共和国消费者权益保护法

A2　相关规章和法规

交通部 1990 年第 13 号令《汽车运输业车辆技术管理规定》
交通部 1991 年第 28 号令《汽车维修质量管理办法》
交通部 1998 年第 2 号令《道路运输车辆维护管理规定》
交通部 1998 年第 3 号令《道路运输行政处罚规定》

附录 B　与汽车维修质量检验人员相关的
技术标准和规范

B1　相关国家标准

GB 1495—1979 机动车辆允许噪声
GB/T 1496—1979 机动车辆噪声测量方法
GB/T 3798—1983 汽车大修竣工出厂技术条件

GB/T 3799—1983 汽车发动机大修竣工技术条件

GB∗3801—1983 汽车发动机缸体与缸盖修理技术条件

GB∗3800—1983 汽车车架修理技术条件

GB∗3802—1983 汽车发动机曲轴修理技术条件

GB∗3803—1983 汽车发动机凸轮轴修理技术条件

GB/T 3845—1993 汽油车排放污染物的测量 怠速法

GB/T 3846—1993 柴油车自由加速烟度的测量 滤纸烟度法

GB 3847—1999 压燃式发动机和装用压式发动机的车辆排气可见污染物排放限值及测试方法

GB/T 5336—1985 大客车车身修理技术条件

GB∗5372—185 汽车变速器修理技术条件

GB 5624—1985 汽车维修术

GB 7258—1997 机动车运行安全技术条件

GB/T 7554—1987 机动车前照灯使用和光束调整技术规定

GB∗8823—1988 汽车前桥及转向系修理技术条件

GB∗8824—1988 汽车传动轴修理技术条件

GB∗8825—1988 汽车驱动桥修理技术条件

GB/T 11340—1989 汽车曲轴箱排放污染物测量方法及限值

GB/T 11642—1989 轻型汽车排气污染物测试方法

GB/T 12676—1990 汽车制动性能试验方法

GB 13594—1992 汽车防抱制动系统性能要求和试验方法

GB/T 14365—1993 声学 机动车辆定置噪声测量方法

GB 14761—1999 汽车排放污染物限值及测试方法

GB 14761.2—1993 车用汽油机排气污染物排放标准

GB 14761.5—1993 汽油车怠速污染物排放标准

GB 14761.6—1993 柴油车自由加速烟度排放标准

GB/T 14762—1993 车用汽油机排气污染物测量方法

GB/T 14763—1993 汽油车燃油蒸发污染物的测量 收集法

GB/T 15764.1—1995 汽车修理质量检查评定标准 整车大修

GB/T 15764.2—1995 汽车修理质量检查评定标准 发动机大修

GB/T 15764.3—1995 汽车修理质量检查评定标准 车身大修

GB 16170—1996 汽车定置噪声限值

GB/T 17692—1999 汽车用发动机净功率测试方法

GB/T 16739.1—1997 汽车维修业开业条件 第一部分:一类汽车维修企业

GB/T 16739.2—1997 汽车维修业开业条件 第二部分:二类汽车维修企业

GB/T 16739.3—1997 汽车维修业开业条件 第三部分:三类汽车维修业户

GB/T 17349.2—1998 道路车辆汽车诊断系统—词汇术语

GB/T 17349.2—1998 道路车辆汽车诊断系统—图形符号

GB 17691—1999 压燃式发动机和装用压式发动机的车辆排气污染物排放限值及测试方法

B2 相关交通行业标准

JT/T 198—1995 汽车技术等级评定标准

JT/T 199—1985 汽车技术等级评定的检测方法

JT/T 210—1995 汽车维护工艺规范

JT/T 303—1996 汽车轮胎使用与维修要求

B3 相关其他行业行业标准

JB 4020—1985 汽车驻车制动试验方法

参考文献

[1] 屠卫星. 汽车维修质量检验[M]. 南京:江苏科学技术出版社,2008.

[2] 扈佩令. 汽车维修质量检验[M]. 北京:电子工业出版社,2006.

[3] 李全. 汽车维修质量检验[M]. 北京:高等教育出版社,2005.

[4] 姜勇. 汽车维修技术与质量检验[M]. 北京:电子工业出版社,2005.

[5] 汪国梁. 汽车维修质量检测与评定[M]. 重庆:重庆大学出版社,2006.

[6] 陈长春. 汽车维修质量检验[M]. 北京:机械工业出版社,2005.

[7] 司传胜. 汽车维修工程实习指导[M]. 北京:机械工业出版社,2005.